PROJET DE RÉVISION

DE

LA CONSTITUTION

DE 1848.

Paris. — Imprimerie Gerdès, 14, rue Saint-Germain-des-Prés.

PROJET DE RÉVISION

DE

LA CONSTITUTION

DE 1848

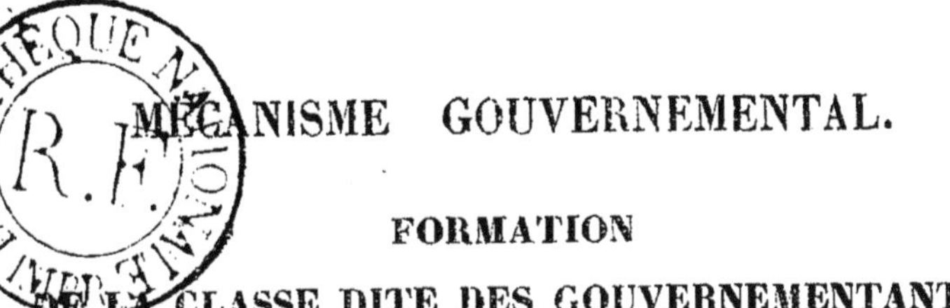

MÉCANISME GOUVERNEMENTAL.

FORMATION

DE LA CLASSE DITE DES GOUVERNEMENTANTS.

Par Noël PICOT.

PARIS

CHEZ L'AUTEUR, GALERIE DE LORME, 30 ET 32.

1851

PROJET DE RÉVISION

DE LA CONSTITUTION

DE 1848.

MÉCANISME GOUVERNEMENTAL.

FORMATION
DE LA CLASSE DITE DES GOUVERNEMENTANTS.

Par Noël PICOT.

Projets de réorganisation de la société, des réformes, des responsabilités, des pénalités, pouvant atteindre, soumettre ou détruire chez les membres de la société toute action contraire à la famille, comme à celle de son homogénéité en corps social.

PRÉAMBULE.

S'il était possible aux facultés d'un humain de réunir en lui ou de grouper autour de lui un entourage pouvant obtenir et conserver la puissance souveraine dominatrice des Français, ou plutôt de leur extension de liberté individuelle antisociale, ce projet de révision, mes études de la nature humaine, toutes les citations et conseils qu'elles renferment lui seraient adressés.

Comme cet homme, cet entourage, n'est plus possible, sinon tenable, j'ai dû alors retourner mes regards vers l'universalité de mes concitoyens; espérons qu'après tant d'exemples, de faits, de citations et de résumés réels, qu'ils sauront en profiter, qu'ils ne reconnaîtront plus d'autre puissance souveraine possible pour les dominer, comme pour toutes les sociétés d'Europe, que celle issue du suffrage universel; c'est pour cela que je livre ces projets aux méditations de tous mes concitoyens, espérant par là les désillusionner sur leur valeur réciproque, et sauver la société de sa destruction entière si imminente.

INTRODUCTION GÉNÉRALE.

Avant d'entrer dans cette partie de mes projets, si le lecteur n'a pas lu, relu, suivi, étudié, médité, pris conscience des quatre précédentes parties que j'ai éditées, telles quelles jusqu'à pouvoir obtenir conscience des connaissances exactes qu'elles renferment, il ne pourra ni croire ni comprendre les réalités du droit social et individuel. J'ai donc dû commencer par la démonstration du composé organique matériel et intellectuel du corps individuel humain, comme par celle de ses fonctions sociales, et non m'en prendre, comme les politiques et socialistes d'actualité, à toutes les particularités d'individu, ou fictions idéales, que le génie humain tout individuel a produites et exploite encore pour lui en système gouvernemental, et le faire fonctionner par lui, et cela aux dépens du peuple, toujours leur dupe, bien qu'ayant cessé d'être leur esclave. Nul lecteur, dis-je, sans ces études, ne sera assez instruit, quelque érudit, politique, républicain ou socialiste qu'il ait la prétention d'être. Le tout était donc pour moi de chercher les causes réelles aussi bien que leurs points de départ, de suivre leurs développements, et cela pour comprendre comment elles ont pu être ascensionnelles et rétrogrades, et enfin devenir des trombes élémentaires destructives de sociétés. Le lecteur alors saura comment elles ont pu fonctionner tant bien que mal depuis tant de siècles; il comprendra pourquoi les axes monarchiques religieux et républicains, après s'être brisés, ressoudés, rapiécés, en sont arrivés, quant à la France, à devenir de fait républicains et socialistes, à l'insu de ses membres; il saura que ce n'est plus qu'une idée, une croyance irréfléchie tout individuelle et toute particulière à chaque membre, et non un axe de gravité, de puissance d'action gouvernementale monarchique, religieuse ou républicaine, pouvant supporter et entraîner quand même l'ensemble du mécanisme social, puisque, comme résultat, ce n'est plus qu'un tout de parties égales de souveraineté en dissolution. Renier cette dissolution sociale serait renier la révolution de 93. Renier les droits de l'homme, c'est renier que chaque membre ne fut pas proclamé libre et souverain, réalité contestée par les uns, ridiculisée par les autres, vu la fausse application ou interprétation de leur souveraineté et liberté par les faiseurs ou voleurs de souveraineté, mais bien incontestable sous le rapport d'action légale en principe. Car, quoi de plus légal comme première base de ce principe que le droit de tout humain au suffrage universel? Est-ce que chaque membre, en naissant, n'est pas un humain et de même une fraction élémentaire de souveraineté de l'ensemble, qui a droit légal pour cela, puisque c'est un humain? S'il ne veut pas être plus, il ne le peut perdre que par une loi instituée à cet effet. Toute chose égale d'ailleurs, pour perdre ce droit, c'est que ce droit existe ou il faut que ce droit n'existe pour aucun humain. Tel est succinctement en aperçu le but de mes recherches, et les préparations et citations que j'ai été obligé de produire dans cet ouvrage pour séparer les idéalités du génie personnel des réalités que la conscience du bien peut obtenir sur tous ces faits. Je place donc le lecteur en présence de toutes ces divagations de personnalités politiques, des sectaires de religion, ou des spiritualistes érudits, comme aussi je fais connaître les fonctions destructives possibles à leur machiavélique doctrine. J'ai transcrit sommairement les détails comparatifs entre les innombrables genres de fonctions, productions des temps anciens et contemporains, comme aussi j'ai entrepris la réorganisation de ce qui peut constituer la classe des fonctionnaires gouvernementaux. Tels sont les résultats de mes méditations et la conscience que j'ai acquise par l'étude des fonctions des principes organisateurs et destructeurs des humains. C'est donc au lecteur à en prendre conscience; c'est à lui de ne pas se croire un savant parce qu'il sait lire sans comprendre. Autrement il n'avancera rien en question d'économie politique, en projets républicains et socialistes, sans au préalable avoir des preuves matérielles à fournir, comme je l'ai fait, ou on a le droit de l'appeler bavard ou perroquet mal instruit, ou renard politiqueur; dans ce cas il doit, comme metteur en œuvre de ses projets politiques ou socialistes, être déclaré traître à la patrie. Je reprends donc, et je dis qu'ayant, dans les quatre parties éditées des Etudes des principes de la nature et des fonctions organiques humaines, éclairé toutes les mystérieuses créations et machinations possibles à l'esprit humain, démontré comment elles se sont développées, tout en restant toujours des mobiles d'exploitation toute personnelle à l'individu érudit dans une société où une fraction illégale des membres sont restés libres de les développer. Quoi de plus simple pour s'en convaincre que de consulter l'historique de leurs faits? leurs résultats existent. Ces fractions n'ont-elles pas détruit ou renversé graduellement l'une sur l'autre leurs prestiges, leurs religions, leurs monarchies de droit divin et les trônes qu'elles avaient édifiés? Que reste-t-il maintenant à détrôner, à démasquer, sinon ces docteurs de la parole, ces doctrinaires, ces avocats du peuple, comme aussi l'idéalisme de leur littérature en économie domestique, en politique, en socialisme? Alors la société pourra se régénérer d'elle-même; alors la personnalité, l'individualité ne pourra plus en imposer ou se méprendre sur les pénalités légales et le droit de pouvoir les appliquer à tout attentat à la famille, à son homogénéité d'existence sociale, comme envers autrui. Alors on pourra empêcher qu'un membre de la société puisse obtenir une puissance plus forte que la loi une pour tous; on pourra le rendre responsable et fonctionnaire passif. Je prouve par mes analyses et résumés qu'une société, ses membres doivent et peuvent être soumis à une constitution progressive, périodiquement révisable, puisqu'ils en ont le droit. Ce faisant, elles se devront leur socialisation et non leur destruction inévitable. Agissant autrement, elles pourront alors se civiliser en dépit des autres sociétés, et vaincre celles qui les attaqueraient. N'est-il pas reconnu que les agglomérations humaines primitives furent forcées d'agir ainsi envers les animaux ou les autres tribus? C'est un principe de vie ou de mort pour toute agglomération d'espèce humaine. N'est-il pas avéré de même que de rares sociétés ont pu non-seulement se garantir des attaques des animaux tout d'abord, mais aussi avoir le génie de résister à ces cohortes d'égorgeurs, de voleurs divinisés, immortalisés par l'homme, par la littérature de tous les siècles fabuleux, historiques et contemporains? Tels sont les faits irrécusables des chefs des sociétés d'Europe, que j'ai à instruire, pour prouver qu'elles ont tour à tour, de décadence en décadence, commis les mêmes crimes, et qu'elles devinrent politiques, et de ce fait plus machiavéliquement raffinées, à l'effet de jouir plus en paix de leurs vols, en prenant alors d'autres titres qu'ils appelèrent droits divins ou nécessités absolues monarchiques ou religieuses ou politiques, ou système continental. Alors la conséquence fut que tous leurs crimes furent des nécessités individuelles ou de fractions illégales en puissance et libres d'agir. Quelle autre preuve d'actualité peut-on fournir, sinon qu'une de ces ci-devant cohortes, devenue gouvernement britannique, s'en prend encore de nos jours à faire une guerre exterminatrice à la nation chinoise, et qu'elle cherche les moyens de l'égorger, sinon de l'empoisonner, ou de la rendre sa tributaire? Tels sont donc les faits, les résultats, les preuves flagrantes, irrécusables des sociétés d'Europe, comparées à celles qui se doivent tout à elles-mêmes. Quels sont les rapports d'ensemble ou particuliers et les contacts entre les membres de ces sociétés? C'est d'être restés des voleurs plus ou moins puissants, s'entre-intelligentant, s'entre-guerroyant, s'entr'égorgeant et s'entre-volant. Qu'est-ce que cette civilisation européenne qui traite de barbare cette société, parce que ses lois sont physiques, positives, rigoureusement matérielles et exemplaires? Que sont des cas très-rares de supplices comparés aux innombrables crimes commis par les membres des sociétés dites civilisées? Cette société n'a pas été forcée, par le nombre de victimes ou de criminels, à inventer un instrument philanthropique expéditif appelé guillotine. Ses suppliciés sont de rares exemples, sont des résultats de genres de responsabilités, de variétés de crimes possibles à l'homme, toujours individuellement libre d'être un assassin, un voleur, un émeutier, un révolutionnaire. Le corps meurt dans les tortures; mais autant de tortures, autant de sentiments qui peuvent impressionner matériellement, ou moralement frapper les genres de composés organiques ou de lettrés et d'ininstruits. Et qu'est-ce que se civiliser, sinon détruire le hideux de ces exécutions, mais non le fait, la pénalité à l'égard du coupable, qui existeront de toute éternité dans tous les genres de civilisation d'une société? C'est le droit de tous envers un criminel. L'essentiel est donc qu'il soit moins nombreux. Sont-ce des moyens plus moraux pour les sociétés dites civilisées que de s'entre-assassiner par milliers sous le titre de frères, pour l'amélioration prétendue de la civilisation, ou pour des causes politiques, ou pour la mise en pratique de systèmes sociaux de quelques fractions d'envahisseurs insatiables ou de bestialités ou monstruosités en puissance souveraine? Pauvretés! de quelle société faites-vous partie? De celle la plus développée pour sa destruction très-prochaine. Ainsi donc cet abrégé historique des sociétés qui se doivent tout à elles-mêmes ne peut plus être pour les sociétés d'Europe que le résultat de la progression et réunion des développements, des nécessités de conservation par la socialisation de l'ensemble des membres de la société, et non le fait d'une fraction illégale. Alors cet ensemble deviendra une puissance d'action physique, morale, légale, de l'émanation en principe du suffrage universel. Tel est en aperçu l'abrégé historique des sociétés d'Europe incivilisées, et de plus très-près de leur destruction partielle, vu qu'elles ne sont qu'à l'état d'agitation élémentaire et de destruction forcée comme conséquence. Elles sont donc et forment le résumé des œuvres et fonctions possibles au principe destructeur de société, ou, si l'on veut, les facultés humaines fonctionnant ingénieusemement, mécaniquement, d'après toute l'intelligence des possibilités particulières aux sociétés dont les membres sont restés libres de pouvoir s'entre-détruire jusqu'à ce que destruction entière de quelques-unes d'elles ait lieu. Les preuves, les effets sont flagrants; les membres de la société française ne le croiront-ils qu'en présence de leur destruction entière? C'est donc en présence de ces développements effrayants d'avenir que j'ai été forcé de distraire le lecteur accidentellement de l'ordre et des règles ordinaires en littérature, et cela au fur et à mesure que se présentent quelques preuves à fournir, quelques analyses à faire pour démontrer la possibilité des développements des facultés humaines étant libres. C'est pour cela, dis-je, qu'il ne faut pas désemparer sans obtenir un résumé tout matériel, ne comptant pour rien les doctrines de l'idéalisme, les laissant aux faiseurs de systèmes sociaux à bases fébriles ou caverneuses, et cela, maintenant comme toujours, aux dépens des instinctifs, ou des mal instruits ou illettrés, des masses populaires enfin. Ainsi donc, comme résumé d'organisation et socialisation possible, elles ne peuvent s'obtenir que par les développements du suffrage universel, qui seul, comme principe, est appelé à vaincre ces intelligences. Toutes choses égales d'ailleurs, qui peut ignorer, étant lettré, que le principe destructeur puisse se développer intelligemment parmi les humains, sans que le principe organisateur en fasse autant, puisque l'un est la conséquence de l'autre? Qu'est-ce que le résultat de l'étude et de l'expérience dont les exemples sont les points de départ? Qu'est-ce, sinon la conscience que l'homme est forcé de prendre de son fait, soit intellectuellement, soit instinctivement, de celui de ses semblables, pour sa conservation personnelle ou pour réussir dans ce qu'il désire? La conséquence de ce fait, c'est donc, quant à l'ensemble, la nécessité de droit social comme équilibre forcé entre membres de société, vitalité, civilisation réelle, progressive des humains sur le globe terrestre. Quel est le lettré qui ignore que le principe destructeur des sociétés n'est qu'accidentel parmi elles, et qu'elles peuvent éviter ces effets destructifs; qu'il est particulier à telle ou telle société; que c'est maintenant, quant aux Européens, une minorité intellectuelle? Au lieu d'être des cohortes guerrières d'égorgeurs du temps passé qui parcourent les sociétés sous le titre de démocrates, et qui ne laissent de même sur leur passage que des ruines. Ainsi donc, la nécessité de vitalité sociale de ses membres veut qu'elles adoptent le principe organisateur qui réédifie et reproduit les essentialités Qu'est-ce autre chose, sinon ce qui constitue le principe des responsabilités terrestres et éternelles pour l'espèce humaine, puisqu'elle peut prendre conscience de ses faits, et que les animaux ne le peuvent pas? Ces résumés sont donc bien palpables et irrécusables. Le tout était, pour moi, de puiser dans l'histoire ancienne des sociétés, comme dans celle contemporaine, toute machiavélique qu'elle puisse être, le sujet ou la partie essentielle à l'analyse, pour en faire le résumé. Une fois les types distinctifs d'ensemble communs aux organes du genre humain reconnus, on ne peut ignorer la valeur de leurs développements généraux et particuliers. C'est par ces seuls moyens que les solutions des problèmes de l'existence sociale sont reconnaissables et réalisables; autrement c'est, quant aux trois règnes de la nature, de la matière en fusion, en dissolution, qui a cet état exercé et suit les lois d'affinité ou de répulsion accordées à ces différents composés, ou, quant à l'homme, l'animalité à figure humaine, à faculté humaine, à l'état de dissolution sociale, suivant les mêmes lois, bien que pouvant prendre conscience de ses responsabilités terrestres et d'éternité, n'ayant pour idée fixe que d'être libre de satisfaire les demandes de ses sens quand la conscience les réprouve. Tels sont donc les faits, les résultats fournis par les membres des sociétés qui veulent rester individuellement libres en toute chose, même de s'entre-détruire, ce qui n'empêche pas pour cela les réalités organisatrices de toujours se développer quant à l'ensemble humain sur terre, en dépit même de ces monstrueuses individualités ou fractions de minorités insatiables. Hommes rétrogrades ou propagandistes, sans science ou droit légal, pour cela craignez les responsabilités de toutes les corruptions sociales que vous faites naître, ou laissez progresser; élevez vos yeux vers la demeure céleste où l'âme est appelée à ses récompenses ou responsabilités d'éternité. Quand vous les abaissez sur les devoirs de vos fonctions terrestres, consultez votre conscience et la nature, toujours féconde, toujours prodigue envers qui l'aime, qui l'anime, qui découvre ses merveilles, qui fait valoir ses trésors. L'une et l'autre ne trompent jamais. Hommes lettrés ou politiques, trop avancés pour éviter le précipice qui doit vous engloutir, quelles doivent être vos responsabilités éternelles! car toutes les calamités sociales sont vos faits. Telle est la position sociale où les vôtres ont conduit la nation française. Quelle sera celle que vous laisserez à vos enfants? Deux conditions d'actualité existent : elles sont ou la destruction prochaine, ou la régénération de la société, sinon immédiate, mais sensiblement irrévocable, si l'ensemble de ses membres laisse constituer tout naturellement les bases physiques de socialisation par les développements forcément conservateurs et progressifs du suffrage universel en principe. Hommes politiques, équilibristes et politiqueurs, sachez-le bien, jusqu'ici la multitude la plus contraire à la régénération du droit social et individuel et de la société, c'est vous. Le tout se résume donc en cette solution encore à l'état problématique d'existence sociale : pas de liberté à accorder à l'homme en fonctions sociales, soit homme de génie, ou intelligent, ou instinctif quand même, sinon pour l'un et l'autre celle qu'accordent les lois et les articles de la constitution étant issue de la sanction et majorité du suffrage universel. Alors l'équilibre s'établira bon gré malgré eux. Tout est là. C'est donc pénétré des résultats de l'une et de l'autre de ces conditions que, n'ayant traité, élaboré dans les études du républicanisme et du socialisme que les premières bases à établir pour sa régénération, qu'il me faut faire entrer le lecteur dans les détails et particularités des rouages du mécanisme gouvernemental, se composant de la première classe, si simple à faire fonctionner, quand le moteur qui l'anime est un principe, est la puissance légale issue de l'ensemble des membres de la société. Alors ils entraînent ou font fonctionner quand même avec elles les individualités, les personnalités, les criminelles fractions, les imperfectibilités, les passions humaines, les individus qui leur font résistance, ou peuvent, de droit légal, légitime, les lancer corps, âmes et facultés, dans l'éternité de leurs responsabilités. Tels sont en aperçu les sujets que j'ai traités et analysés, dont j'ai succinctement produit les résumés, pour en connaître de la possibilité d'organisation de la première classe, qui en est l'âme.

CHAPITRE Ier.

Du droit à l'existence. — De la constitution des agglomérations humaines primitives, des bases matérielles et intelligentes de leur prise en possession du sol, et des premières conditions gouvernementales.

PRÉAMBULE.

Diogène cherchait un homme avec sa lanterne et ne le trouva pas. Cela n'a rien qui doive plus surprendre que de la part des Diogènes actuels. Ils n'ont comme moi qu'à retourner cette lanterne sur eux-mêmes, alors ils n'éclaireront autre chose qu'un homme, qu'un mécanisme à organes matériels et intellectuels mû par lui-même ou par son semblable, ou une chose qui est la nécessité de la satisfaction de l'un ou l'autre de ces organes, et cela en raison de leur développement et de la liberté d'action qu'il possède. *Ecce homo*, voilà l'homme trouvé. Tel est l'individu humain et l'ensemble humanitaire.

Tels spiritualistes, littérateurs ou ergoteurs du droit à l'existence appartenant à tous les êtres ou à tout corps du règne animal, puisqu'ils se taisent à l'égard du règne végétal et minéral, ne peuvent éviter d'agir, de manger et de tout faire pour ne pas l'être; ce qui démontre, comme fonction organique, qu'on est forcé, pour croître, arriver à son état de maturité et de reproduction, de s'emparer, mort ou vif, de ce qui est en rapport d'affinité avec les nécessités des organes. Tout est là, comme animation matérielle, ou néant, inertie de l'individu ou de tous les corps du règne animal, végétal et minéral. Telles sont les conditions d'existence, d'agitation et de destruction de ces trois règnes. Vient ensuite leur droit à s'entre-reproduire, s'entre-défendre, ou s'entre-détruire ou manger réciproquement. Ce droit est le fait de trois autres conditions, de trois principes, de trois nécessités, qui sont la production, la conservation et la destruction; toutes trois ont commencé ou commencent encore à fonctionner, à être mues par les humains sur certaine partie du globe terrestre instinctivement, ensuite intelligemment, et enfin ingénieusement. Ainsi donc tous ces corps complets du règne végétal, minéral et tous les êtres à organes animés de la vie animale, l'espèce humaine comprise, couvrant le globe terrestre, font valoir soit mécaniquement ou chimiquement leurs facultés, ce qui, pour l'espèce humaine, consiste à fonctionner instinctivement, ou intellectuellement. Force est donc aux principes de la production, de la conservation, de la destruction, à tous les corps des trois règnes de la nature d'agir et à tous trois d'ensemble d'appartenir et d'être mus par le principe unique d'animation de l'univers et de son créateur. Ce sont des principes immuables et surhumains; c'est l'impénétrable mystère de la création, c'est le moteur et modérateur de ce mécanisme sublime d'ensemble; c'est la divine perfectibilité, l'immuabilité des principes de fonctions des astres, et de celles de tous les corps couvrant le globe terrestre; c'est le créateur des humains en une espèce unique appartenant au règne animal, dont il sublimifia le composé organique en lui donnant une faculté intellectuelle et une conscience comme frein moral et physique dans son existence terrestre, pour qu'elle puisse se développer, se séparer des animaux et devienne responsable par elle-même, comme aussi une âme, témoin rapporteur de ses actions dans son éternité. Il est donc irrévocable que cette espèce est libre, sous le rapport individuel, et peut être productrice de sa consommation, de sa conservation, de sa destruction; qu'elle seule obtient la conscience des devoirs qu'elle a à remplir à cet égard, et de ses droits sur toutes les autres espèces ou corps des trois règnes de la nature, comme envers elle-même, comme aussi de son impuissance à enfreindre sans responsabilité ces principes. Le Créateur fit plus pour qu'elle se dût tout à elle-même; il la créa libre individuellement, afin qu'elle ne pût éviter les responsabilités proportionnelles comparatives envers elle-même dans son existence terrestre et dans son éternité. Ceci posé, résumé matériellement, vient maintenant la prise en possession du sol par l'espèce humaine et la légitimité de son droit; et je dis ceci, que ce droit, ce titre n'a de valeur que pour l'espèce humaine, et quand elle a conscience d'elle-même et de sa prise de possession; autrement c'est l'homme du sol sans conscience de sa valeur propre; c'est le mécanisme organique humain à l'état animal; c'est ce qui s'opère entre tous les éléments, entre les corps des trois règnes de la nature; c'est, enfin, le globe terrestre ou partie de son sol à l'état primitif habité par des hommes à l'état sauvage, dont les facultés ne peuvent, par ce fait, fonctionner et agir qu'instinctivement; ce sont des mangeurs et non des producteurs de leur nourriture. Le sol fut donc, est donc, en ce cas, la propriété de tous ses habitants. Alors, comme humains, qu'est-ce que la légitimité de la consommation depuis l'insecte jusqu'à l'espèce humaine? Néant de responsabilité. Il résulte de ce fait que les animaux sont sans le savoir des brigands, des voleurs d'animaux ou de végétaux, et les végétaux de minéraux et d'éléments. Il n'y a donc que les minéraux, que la terre et les trois éléments dont les droits de récrimination puissent être légitimes; aussi la représentent-ils avec tant de mamelles, sans doute pour démontrer qu'elle a beaucoup de non-producteurs à nourrir, ou des humains assez lâches pour vouloir se faire nourrir par elle ou comme les animaux féroces et insatiables, sans lui rendre compensation pour ce qu'ils dévorent. Qu'est-ce donc alors que ce droit à l'existence de l'espèce humaine. C'est ce grand problème sans aucune réalité ni solution intelligente de la part des faiseurs d'économie domestique, et de la plus grande bestialité écrite par les socialistes; ce qui consiste pour les uns à ne pas déranger ou détruire, quel qu'il soit, l'être appartenant au règne animal, et à s'en prendre à tous les corps des règnes végétal et minéral. Ainsi donc, pour les uns dans le règne animal, l'espèce humaine n'aurait pas le droit d'attenter à l'existence ou de se nourrir d'animaux, ou tout au moins attendrait qu'ils meurent de vieillesse ou par cas imprévu. S'il devait en être ainsi, en toute conscience, les animaux devraient en agir de même par réciprocité. Alors le droit à l'existence serait un principe où, suivant une autre hypothèse, l'espèce humaine, étant la seule qui ait conscience de ce fait, pourrait rendre ce droit physiquement applicable à tous les animaux. Alors force serait à tous ces mangeurs d'égaliser le droit au travail, à la consommation, de travailler à la reproduction des végétaux pour ne pas mourir de faim les uns et les autres; force serait alors de contraindre les animaux carnivores de procéder de même. Alors, dis-je, pas un seul être de ce règne qui ne soit contraint de faire reproduire sa nourriture, ou ne soit légitimement condamné à mourir de faim. Tel serait le pacte du droit à l'existence par le travail; il n'y aurait donc plus que des mangeurs de végétaux vivant d'un travail essentiel à la nourriture de chacun d'eux; les corps du règne végétal et minéral par ce fait seraient leurs tributaires; ils seraient forcés de croître, de mûrir, pour être mangés. Il en serait de même des trois élémens : l'air, l'eau et le feu, qui sont leurs générateurs. Le règne animal seul serait privilégié. Autrement, en tuant une puce, et plus encore, un agneau, l'un comme l'autre seraient responsables envers le Créateur. Cela est très-philanthropique sans être logique, et l'essentiel, qui est la pratique, leur est impraticable par ce fait; ou alors il faudrait pour cela qu'ils commençassent par s'y soumettre indistinctement. Est-ce possible? Qu'est-ce autre chose que liberté et force d'action des développements des nécessités de leurs organes qui, étant libres, sont insatiables; ce qui fait qu'ils sont devenus, en fin de thèses et de turpitudes, des socialistes ne proclamant que les monstrueuses et stupides idéalités, puisqu'ils écrivent que l'un ne doit pas manger plus ni être plus possesseur que l'autre? Pauvretés, misères! Au lieu de développer les perfectibilités organisatrices de leur travail et possession légale, qui seules peuvent en faire des humains, elles ne se développèrent pour la grande partie des sociétés d'Europe que comme les animaux les plus intelligents et les plus féroces, ne faisant que s'entre-égorger le plus souvent sans nécessité et se voler légitimement, selon leur dire, forcés alors entre eux de s'entre-abuser sur leurs devoirs réciproques pour réussir, tout en décrétant les droits de l'homme, de l'existence, de la liberté du travail, de l'égalité, de la fraternité, et tout cela sans organisation, sans droits légaux, et par ce fait sans aucune responsabilité mutuelle. Aussi les systèmes de ces pauvretés se résument-ils en ceci, que, pour obtenir le possible, il faut le pratiquer pour prouver que c'est praticable. Non-seulement ils ne le pratiquent pas, mais ils n'enseignent même pas le possible pour être durable. Mais ils savent rendre possible, praticable, ce qui est vol et destruction d'ensemble, voire même, s'ils le pouvaient, les principes, les fonctions du mécanisme de l'univers. En finale, toutes ces misérables doctrines du droit à l'existence ne se résument-elles pas en ceci : être responsable, gagner sa consommation, sa possession, légalement être protégé dans l'une et l'autre? Tout est là. Est-ce que le droit du développement au bien des perfectibilités humaines ne renferme pas tout? Nulle de ces pauvretés en socialisme n'en parle d'après des principes, sinon pour les exploiter. Si de ce droit intelligent l'espèce humaine fit l'usage le plus funeste pour ses membres et leur civilisation, à qui la faute? Est-ce aux animaux, aux ininstruits, au peuple? Cela n'empêcha pas que ce droit, que ces développements aient pu se développer et alimenter les droits à l'existence toujours progressifs de la race humaine et de ces animaux domestiques couvrant le globe, qui autrement seraient tous morts de faim ou se seraient entre-dévorés en réclamant un droit à l'existence par un travail dont ils n'auraient pu connaître la pratique, n'ayant pas laissé les facultés, les exemples intelligents se développer et les instruire. Est-ce par les populations nomades ou des nations de guerriers ou plutôt des chefs de voleurs, d'égorgeurs d'humains, que l'agriculture, que la terre, bien que féconde, inépuisable envers qui la pare, qui sait faire valoir tous les trésors qu'elle renferme, aurait pu, sans les développements intelligents de sa culture, donner droit à l'existence? Il résulte donc que ce droit n'est que matériel, animal, et que le droit du développement intellectuel est tout. L'essentiel n'est donc pas le droit à l'existence matérielle sans conditions pour la gagner et conserver; ce n'est pas la question sociale, mais bien le droit intelligent d'organisation et de distribution légale entre les membres de la société qui en est le principe. Comment autrement obtenir d'ensemble une existence comfortable, humaine? Qu'est-ce autre chose maintenant que celle d'animaux les plus misérables de la terre pour la plus grande partie des membres des sociétés dites civilisées? Aussi quelques-uns d'eux résument-ils plus horriblement encore ces criminelles théories, en reniant le Créateur et ses principes immuables, ou en le rendant responsable de leurs crimes, et qui, par ce fait, se décrètent les animaux les plus intelligents, sans responsabilité autre que de tuer ou être tués, de voler ou être volés. Telle est la logique de ces misérables et reconnue telle par les imbéciles, lettrés ou non, qui les préconisent. Alors leurs crimes, leurs dévastations, leurs vols ne sont plus que des faits d'intelligence toute personnelle et particulière au composé organique du règne animal. Ce n'est plus alors que le premier genre de ce règne sans responsabilité, bien que les autres espèces d'animaux n'aient ni la conscience ni la capacité de développer, de faire progresser des facultés, des organes qu'elles ne possèdent pas, et la preuve, c'est que leurs mœurs, leurs fonctions sont toujours les mêmes, comme des bêtes qu'elles sont, et non des intelligentés, des civilisés; ils ne peuvent donc innover, se copier entre eux et conduire la responsabilité, leurs droits sociaux. Aussi le chacun pour soi, le succès ou l'insuccès tout individuel et quand même les crimes de ces bestialités humaines et autres est tout, et comme conséquence leur corps est la seule responsabilité terrestre, puisqu'elles soutiennent n'avoir pas d'âme. N'ont-ils pas détruit tout sentiment, toute conviction, tout devoir d'humain et de citoyen? Où en sont arrivées leurs convictions religieuses, celle du droit divin, leurs prétentions de défenseurs du peuple et du socialisme? N'est-ce pas voler le lecteur que de lui prendre son temps pour décrire les turpitudes des droits à l'existence, au travail, à l'égalité possible par ces faiseurs, qui, sans autre droit que celui tout individuel à son intérêt personnel ou à sa coterie, vole ou tue son semblable? Nul n'aurait droit sur lui, sans que ce droit fût appelé le droit du plus fort, en république, avec le suffrage universel, où il est forcé de prendre le titre de divin, puisqu'il est principe et surgarant des développements des perfectibilités conservatrices d'ensemble du droit social et de tous envers un destructeur, à titre de monarchiens, de républicains ou de socialistes. Ici se termine pour moi l'analyse de toutes les possibilités de ces misères humaines des temps anciens, présents et futurs, et je reviens à dire que trois principes immuables fonctionnent et fonctionneront de toute éternité sur le globe terrestre. Ce sont les principes producteurs, conservateurs et destructeurs; ils fonctionnent mécaniquement d'ensemble. Quant à ce qui est possible à la pénétration des facultés de l'espèce humaine, cela est irrécusable pour tout érudit; leurs fonctions sont immuables par l'homme vu d'ensemble, elles sont invariables à l'égard de tous les corps des trois règnes de la nature, et toutes exceptionnelles et particulières à une seule espèce du règne animal. Cette espèce unique est l'animal humain, devenu responsable du moment qu'il en a conscience et s'en donne le titre. Ses facultés organiques ont trois âges de nécessité de développement : le premier âge est la nécessité instinctive ne possédant pas d'exemples; le deuxième âge, celui de ses nécessités intelligentes, étant instruit par l'exemple, ou lettré, et le troisième âge, qui est son paroxysme, est le génie de toutes les facultés humaines ayant pu se développer. Chacun de ces âges a sa responsabilité et son développement d'ensemble, ou tout particulier à chaque individu, à chaque agglomération ou société. Ce tout se résume donc en la connaissance de leur possibilité d'agglomération à un axe et de leur puissance d'ensemble de développement. Comme point de départ, je dirai alors que le premier type est le sol que possèdent les agglomérations d'humains, en ce qu'il démontre le développement des facultés des possesseurs de ce sol, comme leurs mœurs, leur homogénéité d'ensemble, témoignent de leur état de civilisation. Ces types reconnus, on peut donc dire : Tel sol, tel âge de développement de facultés humaines, ou telles mœurs, telle homogénéité entre ses membres. Alors tel genre de constitution, et enfin telle liberté dont jouissent ses membres dans leurs fonctions sociales, telle durée d'existence de cette société. Tout cela est irrévocablement matériel et réel; tous ces faits et citations sont donc bien des points de départ du sol, de ses habitants, de leurs droits d'habitation, de production, de possession, de conservation et de possibilité de développement de facultés au bien comme au mal; c'est, enfin, ce qui peut constituer l'édification sociale possible d'agglomération humaine. Reste maintenant l'essentiel, qui est la base de leur organisation et fonction par des principes sous le rapport matériel et intellectuel.

CHAPITRE II.

De l'organisation et des systèmes de socialisation.

Organiser, c'est réunir les parties que l'on possède pour en former un tout; ce tout composé est inerte ou animé, alors il forme un ensemble inerte ou animé; ni l'un ni l'autre ne peuvent s'animer ou s'agiter sans un moteur d'action; ce moteur est donc la puissance d'action de l'un comme de l'autre. Maintenant, si ce moteur n'est pas en rapport avec cet ensemble organique, il s'entre-détruit ou il en détruit quelques parties. Ce genre d'organisation de parties animées de la vie, ou seulement agitées, ou de matière inerte, n'est organisation régularisée qu'autant qu'elle fonctionne avec régularité ou possède un modérateur qui peut en régulariser les fonctions; alors, qu'est-ce que le moteur de l'homme envers eux-mêmes, comme aussi son modérateur? C'est la conscience qu'il peut prendre de son fait en s'équilibrant par lui-même, ou l'être par un des siens, ou par une chose ou par une constitution. De ces faits il résulte, pour le moindre ouvrier ou le moindre érudit, la preuve matérielle que l'une est l'intelligence mécanique organisatrice de la matière inerte, et l'autre celle relative à l'espèce humaine, pouvant s'animer d'elle-même. Alors qu'est-ce que l'organisation sociale, sinon un mécanisme intellectuel animé de la vie matérielle, et des plus essentiellement intelligents à comprendre, à faire mouvoir? Qu'est-ce que les parties composant son tout, sinon des éléments animés de la vie animale et de facultés organiques, pouvant fonctionner d'ensemble ou individuellement, instinctivement, intelligemment ou ingénieusement, possédant les unes et les autres leur moteur et modérateur comparatif de fonctions d'ensemble, bien que tout différents l'un de l'autre, qu'il faut quand même faire fonctionner avec régularité pour pouvoir vaincre les imperfections contraires à ce mécanisme? Qu'est-ce que ces imperfections, sinon que les membres de la société veulent individuellement être libres d'après les nécessités de leur composé organique, ou position et possession de choses, tout différents, sans être sous la dépendance du moteur et modérateur d'ensemble, qui est le droit social ou gouvernemental? Chacun d'eux veut l'organiser, l'intelligenter, le faire mouvoir dans ses intérêts personnels; ils veulent tous être soit instinctifs, ou intelligents, ou ingénieux, érudits ou illettrés, être moteurs et modérateurs des autres, et non d'eux-mêmes, refusant de s'unir à des principes d'organisation sociale. Il résulte de ces faits que l'instinctif, lettré ou non, veut être le moteur de l'intelligent, et ce dernier être celui du génie, manquant tous trois de lois physiques et de modérateur d'ensemble pour les contraindre à fonctionner avec régularité, quand cela est si possible; c'est ce qui les fait s'entre-voler ou s'égorger entre eux, quand au contraire ils ne doivent être que des parties constituantes d'un tout devant avoir leurs places et un genre de fonction se liant à l'ensemble de ce mécanisme ou être brisés, étant contraire. Tout est là comme organisation sociale. Aussi quelle est l'organisation sociale possible, si l'individu ou fraction illégale des membres de société restent libres et veulent se mouvoir ou faire mouvoir à leur guise les leurs, ou si on ne peut les contraindre eux-mêmes à être classés, catégorisés, organisés, incorporés comme partie intégrante de l'ensemble? Obligez chacune d'elles de fournir sa quote-part de responsabilité, de contributions matérielles en fonctions et devoirs sociaux. Dans ce cas, cette organisation ne peut opérer des résultats exacts. Ce n'est donc que par la régularité des principes positifs qu'on peut l'obtenir. Le tout est donc de bien étudier leur valeur d'ensemble pour les appliquer et pour les rendre applicables. Il faut qu'il soit ou le fait d'une constitution immuable, ou le fait accepté par la majorité constituante issue d'un suffrage universel en principe. Viennent donc maintenant les projets avant les débats, et non les combats, les révolutions, sans aucun avantage de socialisation, comme jusqu'ici les civilisateurs le pratiquent, ou le décrivent, ou le crient dans les assemblées, en prenant le titre de conservateurs ou de socialistes, de défenseurs du peuple. Aussi, au lieu d'être des socialisateurs, ils n'ont su jusqu'ici et ils ne savent qu'entre-diffamer leurs détracteurs, et ces détracteurs d'en user de même à leur égard. Qu'est-ce que la société gagne à lire chaque jour ces pamphlets de journalistes, cette immonde littérature, ces dégoûtantes récriminations personnelles d'écrivains, de coteries? Et le peuple est assez stupide pour en commenter les ignobles ou serviles platitudes, et pour en reproduire de plus ignobles et stupides encore. Ne ferait-il pas mieux de consulter sa conscience à ce sujet pour faire justice des auteurs de ces corruptions en cessant de les lire? Telle est la solution de leurs problèmes, de leurs thèses socialisatrices, et l'état misérable des œuvres, des capacités et incapacités politiques parlementaires, littéraires et socialistes de ces faiseurs qui instruisent si mal le peuple.

CHAPITRE III. — Ire PARTIE.

Des trois genres d'industries humaines ou d'existences irrévocables dans les sociétés. — Première classe des gouvernementants.

Pouvoir dompter les nécessités insatiables des organes intellectuels humains, c'est l'œuvre de l'homme ou des membres d'une société perfectionnée par eux-mêmes.

Nul ne peut, par des preuves matérielles, soutenir, ne pas faire partie d'une industrie appartenant au développement des facultés des organes humains, vu qu'elles renferment en elles trois conditions d'existence, comme principe immuable devenant des plus impérieux, et cela en raison des développements intellectuels de ses membres. Pour le prouver, je dirai ceci, quels que soient les membres d'une société, ils commencent et obtiennent leur existence et possession de choses essentielles ou non par quelque moyen que ce puisse être; ce moyen est un fait irrécusable. Je les divise en trois classes et genres d'industries ou d'essentialités. Maintenant viennent les droits des fonctions, productions et possessions de ces trois industries; sous le rapport matériel, ils se réduisent à un seul, qui est la nécessité ou force de la nature; cette nécessité vue d'ensemble est le fait voulu d'une puissance supérieure à toutes les autres, qui n'est autre que le principe de vitalité et d'animation; elle est particulière et unique pour l'ensemble humain; elle divise à l'infini les essentialités génératrices et motrices de développement, à l'égard de l'ensemble de chaque partie appelée des corps complets à organes animés du règne animal, ou végétal, ou minéral. Ces parties, ces corps, chacun de leurs organes sont donc autant de mécanismes de sujets nécessiteux, que ces générateurs sont chargés d'alimenter pour que leurs organes puissent s'animer ou s'agiter, et fonctionner, pour pouvoir développer leurs facultés, croître, mûrir, se reproduire et mourir ayant fonctionné leur temps. Ainsi donc pas d'organes sans fonctions individuelles ou d'ensemble sous la dépendance de ces moteurs et de leurs générateurs. Quels que soient les fonctions et les organes particuliers à chaque individualité de ces corps, ils ne sont autres que des nécessités de développement à satisfaire. Tel est donc le premier fait irrécusable quant aux fonctions ingénieuses de tout ce qui constitue l'histoire vivante de la nature entière. Cette puissance motrice d'ensemble est donc impénétrable à l'homme; mais les fonctions, les principes, leurs agitations, fusions, leurs anatomies et mécanismes organiques ne le sont pas à l'homme; il sait que chaque corps végétal, ou animal ou minéral, est forcé d'agir et de fonctionner chimiquement et mécaniquement, mû par cette puissance. Le Créateur est donc bien le moteur et modérateur responsable de l'ensemble de l'univers. Tout prouve que tout est prévu par lui à l'égard de ce merveilleux ensemble de fonctions, comme il peut seul en changer les fonctions. Trêve de citations, lui seul est resté impénétrable à l'homme durant son existence terrestre, mais non les principes qui le pénètrent et forment forcément les convictions d'éternité chez les humains, quelque résultat qu'il soit accordé à leurs facultés d'obtenir. Il fit plus encore en créant l'individu humain libre dans ses innombrables fonctions particulières pour que cette espèce unique, étant libre du bien et du mal, fût responsable d'elle-même sous le rapport de son individu et de son corps social; elle seule se doit donc par ce fait tout particulier, tout individuel, tout humain, tout à elle-même en bonheur et tourment de toute éternité. Fameux ergoteurs ou littérateurs, de deux choses l'une : ou vous fonctionnez malgré vos facultés intellectuelles, ou vous pouvez prendre conscience de vos faits, ou tout mécaniquement et chimiquement, comme tous les autres animaux et autres corps des trois règnes de la nature, sans posséder le droit d'être même socialistes et encore moins faiseurs de systèmes de socialisation, et alors vous n'êtes que matière animée ou agitée par les trois éléments, sans pour cela cesser d'être responsables comme hommes. Pauvretés, qui de vous ignore que vous ou votre corps social n'êtes qu'un individu, qu'un élément? Quant à l'ensemble de votre espèce sur le globe terrestre, les développements de vos facultés intellectuelles seules font de vous des hommes responsables, lorsqu'elles fournissent des preuves que vous pouvez prendre conscience de vos faits; il en est de même de votre société, elle n'est qu'une fraction, qu'une individualité de société quant à l'ensemble des sociétés du globe, soit à l'état primitif ou à l'état développé; elle appartient, comme l'individu qui en fait partie, au principe divin d'ensemble humanitaire; autrement, l'individu, l'insatiable ou l'insensé voudrait faire mouvoir ou détruire l'univers.

La conséquence forcée est donc nécessité, pour les agglomérations d'espèces humaines, de se socialiser; autrement pas de principe d'organisation d'espèce humaine possible, pas de principe conservateur, et cela est irrécusable. Mais bien des animaux intelligents, destructeurs d'eux-mêmes, qui doivent disparaître de dessus le globe terrestre ou changer de nature, au lieu d'être forcément ses régénérateurs, ce qui est irrécusable. Les gouvernants peuvent-ils faire croire n'avoir pas eu le temps voulu pour instruire les gouvernés sur la mise en pratique des réalités, et par ce fait, comme gouvernants, à devenir des nécessités gouvernementales, au lieu d'être comme jusqu'ici ses destructeurs. Revenant comme étude socialisatrice à la première condition d'existence humaine, ce qui forme la première nécessité industrielle et sociale, et je dis ceci : Il reste avéré, vu le composé organique humain, que sa première nécessité fut et est celle de l'organisation gouvernementale pour devenir plus tard une société pour pouvoir entre-protéger les membres, les conserver, les contraindre à développer l'intelligence essentielle de leur défense d'ensemble pour se garantir des attaques des chefs d'autres sociétés ou des animaux qui les entourent. Cette première industrie est donc le principe conservateur des humains, et doit être appelée l'axe de gravité ou la première classe et essentialité d'agglomération humaine. Que n'en fut-il et n'en est-il ainsi en principe de la part des gouvernants des sociétés d'Europe, et de la France pardessus toutes les autres si près de sa destruction entière? Il y a donc maintenant nécessité d'organisation gouvernementale, ou destruction forcée, prématurée et partielle entre ces sociétés, si le mécanisme gouvernemental continue à fonctionner contrairement au principe. La conséquence forcée est que, pour l'éviter, ils soient forcés d'organiser leurs fonctions d'après des principes, et se mettent en rapport d'homogénéité, de fonction, au lieu d'être prestigieusement idéales, voleuses, comme jusqu'ici. N'est-il pas reconnu qu'ils persévèrent dans ces voies et pratiques rétrogrades, bien qu'ayant conscience des fonctions immuables de tout ce qui est principe? Les destructions partielles, les révolutions et insurrections incessantes, particulières à ces diverses sociétés, ne sont donc pour leurs membres que des faits tout particuliers, que des conséquences entraînantes, inconnues; peu importent donc leurs récriminations, leurs imprécations et leurs blasphèmes envers leur Créateur, comme les crimes inouïs dont ils se rendirent et se rendent les bravis ou les auteurs, dont ils sont ou restent responsables? L'essentiel est de les contraindre, comme fonctionnaires gouvernementaux, à l'être de leurs fonctions, au lieu de se trôner comme des hommes libres, ou des êtres surhumains, ou des divinités, ne devant être que des humains, des industriels gouvernementaux, des salariés des premières nécessités, pour une société qui veut se socialiser, se civiliser et devenir indestructible par elle-même ou par les sociétés qui l'entourent. Cette organisation, ce mécanisme gouvernemental, est de première nécessité; il faut qu'il soit bien combiné, et rien n'est plus praticable; mais, pour que ce soit possible, il ne faut pas que son axe de gravité soit un mobile d'individualité, de personnalité, une propriété banale aussi variable et fébrile que l'homme, que ses passions; il ne faut pas qu'un membre, quel qu'il soit, de la société le puisse voler et audacieusement s'en rendre responsable, pour qu'en résumé tous les autres membres de la société, le peuple gouvernementé enfin, restent forcés de se mouvoir sans plus de fixité ou soient forcés de les détruire en se détruisant eux-mêmes comme résumé de leurs problèmes.

CHAPITRE IV. — 2e PARTIE.

Deuxième condition essentielle, deuxième classe et deuxième industrie humaine. — Des producteurs.

Ayant élaboré, analysé et trouvé le résumé matériel des premières essentialités de nécessités conservatrices des agglomérations d'espèces humaines, l'ayant appelé première condition d'existence sociale, première classe comme constitution d'axe de gravité, reste maintenant à connaître, par les mêmes moyens, les essentialités de la deuxième condition d'existence de la deuxième classe. Je dirai alors, bien que de prime abord l'espèce humaine organisa la puissance de résistance conservatrice de son agglomération, de sa famille, à l'égard des animaux, elle est forcée de même de développer ses facultés en recherches de comfort en rapport avec le développement des facultés de ses membres, et de tout faire pour l'obtenir de son sol, par elle-même, par les développements de son industrie. Ainsi donc la progression de sa famille, la richesse ou la pauvreté de son sol, ou son état d'enfance industrielle et agricole, sont bien les points de départ reconnaissables de cette industrie. Ces faits matériels compris, il est irrévocable que la deuxième classe n'est et ne peut être autre à son état primitif que l'industrie agricole et productrice de ses nécessités primitives, et devient plus tard celle de tous ses comforts et fastes humains ou mondains, passionnés et idéals, de deuxième et troisième nécessité, toujours en rapport direct avec les développements de facultés. Peu importe le temps qu'ils mettent à les développer dans les sociétés; ils sont forcés de progresser, et je dirai même d'être aussi désordonnés les uns que les autres, étant sans freins organisateurs dans leurs productions et nécessités; car chaque exemple nouveau qui se trouve en contact avec les organes humains, ce sont autant de développements, de désirs, de générateurs, de fonctions telles quelles, qui se produisent, et autant de nécessités nouvelles à satisfaire pour leurs membres, autant d'envieux, sinon de voleurs, de la possession de ces productions, ou de les reproduire ou en jouir étant libres, même par des moyens criminels. Tout part de là et en est encore là, comme développement des trois industries parmi les membres des sociétés d'Europe. Ainsi donc, ces innombrables développements des facultés humaines, ces progressions incalculables de productions en grande partie inutiles d'industries et d'industriels, formèrent pour leurs membres des essentialités de comforts corporels, comme aussi des idéalités spirituelles. Alors les conséquences de ces développements, les exemples et contacts incessants, les combats et fusions, les morcellements, les divisions et transmissions volontaires ou soit par la ruse, le vol ou la force brutale, ne furent autres que des faits de nécessité possibles au développement des organes humains restés libres dans leurs fonctions parmi les membres de ces sociétés. Cet amalgame de confusions industrielles ne fonctionna donc jusqu'ici que matériellement, ingénieusement, intelligemment et instinctivement, sans former son organisation physique, sa socialisation et civilisation réelle, tenant tout du droit du plus fort ou du plus intelligent ou plus rusé. Le chacun pour soi fut tout; les sentiments de la famille et de la nationalité, rien; des phrases d'érudits esclaves de ces nécessités et les faisant valoir; tous pour eux les insuccès que produit l'exemple et toutes les misères que font naître les développements de la liberté en concurrence, rien encore, pour faire comprendre les nécessités organisatrices, et pourtant le nombre en progresse toujours, en est effrayant dans ces sociétés. Tout cela est la moindre des choses pour ces possesseurs gouvernants; ils croient toujours pouvoir résister aux trombes élémentaires, populaires, ils n'ont peur maintenant que du socialisme, qu'ils espèrent vaincre par la fusillade. Chacune de ces sociétés ne forme plus qu'une agglomération d'humains en dissolution plus ou moins confuse, dans laquelle ces trois genres d'industries et de facultés humaines se débattent et obéissent aux lois de la nature, lois que subissent les corps entre eux, quand ils sont en dissolution, pour s'attirer ou se repousser, ou s'agglomérer forcément à un axe d'attraction. Ce n'est donc, comme résumé, que des développements de facultés humaines plus ou moins ingénieuses, intelligentes ou instinctives; c'est un corps en décomposition, comme l'homme et ses facultés intellectuelles peuvent la deviner, lorsqu'il devient fou ou perclus, aussi fébrile et mortel que l'homme, qui ne fonctionne alternativement et librement que mû par l'une ou l'autre de ces possibilités de facultés, jusqu'à ce que mort s'ensuive de l'individu ou du corps social; ce qui aura lieu avant vingt ans quant à la nation française, si elle laisse les audacieux, les envieux en toutes choses, ces fractions illégales enfin, être libres de prouver, les armes à la main ou par leurs phrases, que nécessité pour eux est d'être gouvernants, que c'est de droit légal, légitime. Peut-il toujours en être ainsi à l'état républicain, où la condition forcée d'existence pour n'importe lequel de ses membres est de se soumettre aux lois sanctionnées par la majorité issue du suffrage universel en principe, suffrage qui seul peut régulariser, organiser, catégoriser maintenant leurs trois classes, leurs industries, leurs positions et possessions? Autrement destruction entière de la société rebelle à ce principe. Je me résume donc préparatoirement d'ensemble quant à cette deuxième condition, et je dis : Est deuxième classe et industrie tout producteur manouvrier dont le produit n'est pas une fonction d'employé du gouvernement, et qui lui doit son essentialité d'existence; ce qui forme le premier type distinctif comme classement parmi les membres gouvernés. Vient après son genre d'industrie comme classement de genre et catégorie, ce qui forme sans contredit les genres de catégories, d'industries et de conditions sociales auxquelles il appartient, peu importe qu'il passe de la troisième classe et industrie à la deuxième ou à la première, ou redescende de la première à la troisième; il ne peut, comme au milieu de la confusion actuelle, être de toutes trois à la fois; ou c'est ce que l'on appelle l'homme à tout. C'est une particularité progressante ou décroissante dans la société, qui ne change en rien le titre qui lui appartient dans n'importe quelles classes et industries où il est placé. Tout est là.

CHAPITRE V. — 3e PARTIE.

Troisième condition, troisième classe, troisième industrie humaine. — Les acheteurs, les vendeurs, les échangeurs en toutes choses.

Je dirai tout d'abord que cette troisième classe et troisième industrie est irrécusablement la dernière, se développant dans les agglomérations primitives; que ce sont les premiers rapports amiables et de communication des agglomérations entre elles ou avec des sociétés; que ce fut le point de départ du développement des rapports et nécessités des deuxième et troisième conditions d'existence humaine. Cette industrie devient donc une essentialité de nécessité, une partie mixte comme rapports et communications entre ses membres, comme échange et débouchés de produits; peu importe même qu'elle soit assez criminelle pour voler ou échanger ces vols, pour acheter ou vendre ses semblables au lieu de contribuer à les socialiser. La nécessité forcée du développement de tous les organes est la loi commune toute particulière et personnelle à l'homme libre d'agir. Il en est ainsi entre tous rapports de membre de société dite civilisée, resté à l'état d'homme libre. Tout est là; aussi tour à tour furent-ils, sont-ils esclaves, sinon d'eux-mêmes, du moins de la chose qu'ils convoitent et qui devient une nécessité de possession pour eux. Telle est leur civilisation et socialisation; ils ne veulent pas prendre conscience ou convenir des affreuses machinations possibles à l'esprit humain, tant qu'elles leur sont profitables, même maintenant que les preuves et témoignages destructifs d'ensemble social en sont horriblement palpitants. Mais là n'est pas ce que j'ai à définir quant à présent, mais bien ce qui constitue l'échangeur ou la troisième industrie, et me résume en traitant d'ensemble cet amalgame d'industries et d'industriels par ceci : Est industriel de la troisième classe tout homme non fonctionnaire gouvernemental, échangeur de tout produit, pourvu que cet échange constitue son moyen d'existence. L'un et l'autre sont donc des industriels qui s'introduisent entre la consommation et le consommateur, entre la production et son placement, ou des individus échangeant leurs facultés intellectuelles, orales, littéraires, contre de l'argent ou toute autre chose qui leur procure existence. Il importe peu que ces industriels soient appelés parasites, et que, vus d'ensemble, ils soient au corps social, au corps humain, la sangsue qui s'occupe peu du corps qu'elle appauvrit ou régénère. C'est au corps social d'être sain, c'est aux lois de prévenir les méfaits, ou à l'individu de s'en défendre ou de savoir en faire usage. L'un comme l'autre sont bien des industriels, des nécessités irrévocables pouvant s'organiser. L'essentiel est donc, puisque c'est possible, de les organiser, de les empêcher d'être destructives du corps social; l'essentiel n'est pas de détruire cette nécessité indestructible qui renferme en elle, quant au fond et non comme classement, un des essentiels générateurs de la socialisation, c'est-à-dire ses législateurs, ses gouvernants, comme aussi les développements de toutes les facultés organiques du génie humain au bien et au mal comme ce qu'elle a de plus abject. Il s'agit donc de les empêcher de trop corrompre ou affaiblir le corps social, ou n'importe quel membre et de leur ôter la liberté, la puissance d'être tout dans une société, et, avant tout, d'être juges et parties dans leurs prises de possession gouvernementale, dans leurs spéculations et accaparements déloyaux contraires à autrui comme aux intérêts généraux des membres; ce qui n'est que le vol autorisé par la liberté qu'ils possèdent ou qu'ils volent pour constituer les lois, les constitutions, les chartes ou autres. Tels sont les effets, les résultats de cette liberté de concurrence dans ces trois industries, qui, après avoir couvert d'or ces intelligences gouvernementales et industrielles, ou, dans les temps anciens les avoir divinisées, trônées, ministérialisées, titrées, décorées, dotées, en sont arrivées à n'être plus que les singes de ces grandeurs usurpatrices, affaissées à tout jamais quant à la France. Quoi de changé maintenant comme concurrence en monarchie, en religion, sinon que maintenant tous les membres de la société sont devenus souverains et concurrents l'un de l'autre, et libres de l'être, malgré les facultés intellectuelles ou la possession des matériaux de réussite? Quels résultats cette concurrence désordonnée, ces vols mutuels accomplis ou autorisés par la force explosive révolutionnaire, ont-ils apportés en politique, en commerce, en exploitation industrielle? On en est arrivé à produire le développement du socialisme comme concurrence de tout, à la fois et particulièrement de la possession d'autrui par des moyens aussi légitimes que ceux des monarchies remontant dans la nuit des temps. Les moyens littéraires, oraux, insurrectionnels, ne leur manquent donc pas maintenant; mais c'est la réussite, vu le nombre des possesseurs à détruire de même qui, bien que sans organisation, se rallient au cri de l'ordre, aussi comme ils le disent. Il faut qu'ils attendent que la confusion arrive à son paroxysme et que, la concurrence aidant, produise plus de misères, plus d'insuccès, plus de socialistes, plus de ruines commerciales. Alors, le grand jour du partage viendra sans que les crieurs de l'ordre s'en doutent, et ce sera le jour de la destruction entière de la société. N'est-il pas avéré que, si la révolution de 93 a produit tant de morcellements dans la propriété, si les développements par la concurrence ont produit tant de prolétaires, de parasites devenus fortunés, elle n'a pas pour cela amoindri les genres de misères de corps et d'existence des membres, comme aussi le nombre progressif des prolétaires et des industriels manufacturiers et autres habitants des villes que le moindre temps d'arrêt commercial ou industriel rend socialistes et fait se débattre avec les sangsues de par la loi et justice, ou dans les convulsions des privations de première nécessité alimentaire, et plus encore fait mourir corrompus, privés par les érudits d'aucunes convictions d'éternité? Les faits patents, irrécusables d'actualité, prouvent donc que leur nombre, leurs misères, ont plus progressé de révolution en révolution, et progressent de telle sorte que les faiseurs de développements par la concurrence commencent à croire que se maintenir est chose impossible. Tels sont les résultats de la liberté du développement industriel et de son exploitation en concurrence sans lois organiques régularisatrices, toutes physiques. Cette concurrence ne les fait-elle pas mutuellement fonctionner malgré eux à haute pression pour faire explosion à époque fixe? N'est-ce pas la chute inévitable de l'ensemble social? Faiseurs de lois rétrogrades et mécaniciens en systèmes sociaux, est ce si difficile à comprendre qu'une machine sans moteur ne fonctionne pas, ou sans modérateur se brise, si le moteur est plus puissant que le modérateur? Ignorez-vous que les misères dans une société forment ce moteur, cette puissance élémentaire socialiste, qui brise tout, si on ne sait construire des freins plus puissants, qui préviennent ces développements toujours progressifs dans une société d'hommes matériellement libres? Tâchez de prouver aux crieurs de réforme électorale, à toutes ces misères de l'individualisme ou de la personnalité, aux parvenus, que les révolutions de 1830 et de 1848 ne sont autres que les conséquences entraînantes de ces développements, amenant forcément des temps d'arrêt industriels et commerciaux, et des explosions révolutionnaires en forme des matériaux industriels dont quelques misérables envahisseurs deviennent les moteurs d'action. Alors force est à eux, axes de ces trombes élémentaires dévastatrices, d'en suivre l'impulsion, le développement progressif, ou d'être brisés ou renversés par elles, s'ils manquent d'intelligence ou de puissance pour construire le frein qui peut en régulariser la marche. Doit-il en être de même en république, où existe le gouvernement de tous envers tous? Ce n'est plus l'homme juge et partie, c'est la majorité qui doit être la puissance d'action responsable; c'est donc elle qui est le seul moteur et modérateur d'organisation sociale, responsable; mais pour cela il faut qu'elle soit issue d'un suffrage légal. Puisqu'il peut en être ainsi comme première base, qu'elle soit donc toute une législation d'essentialité gouvernementale, et qu'elle ne fonctionne plus par les échangeurs ou partageux et brocanteurs de lois impérialistes, monarchiques et constitutionnelles. Alors la régénération, l'avenir de la société est assuré; il n'y aura pas que les hommes et leur titre changés.

CHAPITRE VI.

Des fonctionnaires gouvernementaux. — Première condition de socialisation.

Ayant élaboré et fait les analyses de ce qui constitue les trois conditions, les trois classes et les trois industries ou principes d'existence sociale des sociétés depuis leur état primitif jusqu'à leur état actuel, et même de toute éternité, voire même celles qui se jugent elles-mêmes les plus civilisées; mais, n'ayant traité que d'ensemble et quant au fond que des principes, et ayant comparé tous les systèmes de socialisation, je vais n'avoir plus maintenant d'autres points de départ que les principes et les trois conditions immuables, possibles, et non les systèmes tout personnels à leurs auteurs, écartant de mon sujet tout commentaire, toute récrimination et personnification, comme toute justification personnelle. C'est le mécanisme social que je vais décrire dans ses rouages et ses complications, comme aussi l'axe de gravité dont ils dépendent ainsi que des moteurs d'action, lois et freins essentiels à leur conservation.

CHAPITRE VII.

Des bases gouvernementales. — Elaboration préparatoire.

Quels que soient la forme, les systèmes pour gouverner les membres d'une société, quel que soit l'état de développement de ses membres, c'est un fait toujours reconnaissable, même en se perdant dans la nuit des temps, quant à la nation française, puisque c'est un fait, un principe, une condition d'existence de société. Quelque haut placés que soient les fonctionnaires ou les membres de la société, ils gagnent ou volent les produits qu'ils retirent de leurs fonctions. Le tout gît donc dans la possibilité qu'ont les membres d'être ou n'être pas d'ensemble des voleurs ou des juges et parties dans leur propre cause et intérêts personnels, et cela est possible. Alors ils ne seront plus libres gouvernants et gouvernés qu'à des conditions secondaires, comme société républicaine, et cela en composant des lois organiques pour la distribution des emplois et genres de produits, comme pour leurs émoluments. Alors, dis-je, ils ne seraient plus libres envers telle influence de famille, tel intérêt personnel, ou tel individu, ou telle coterie, de leur concéder ou voler le bien national ou d'autrui. Tout cela est palpable d'actualité, et le fut de tout temps dans les prises de possession des positions gouvernementales et des biens nationaux et autres. Inutile donc de remonter dans l'histoire, puisqu'il en est ainsi, et qu'il en sera ainsi jusqu'à leur destruction entière. S'ils restent libres, quoi de changé, malgré tant de cataclysmes, tant de meurtres, de pillages, d'assassinats, pour occuper les positions gouvernementales? Ce sont toujours des prestiges nouveaux, des drapeaux de toutes couleurs, des religions de tout genre, des hommes manquant de facultés ou de matériaux d'action, ou d'autres en ce genre de vol ou d'escobarderie, sachant quelque temps s'y maintenir par tous les moyens en leur possession et des peuples toujours ignorants de leur machiavélique politique. Tel est l'état contemporain reconnaissable, irrécusable, des fonctions de ces systématiseurs gouvernementaux, ou de l'homme encore libre, et, par ce fait, encore juge et partie, autorisé par les lois, codes et ordonnances des siens ou prédécesseurs dans sa propre cause. Il résulte donc l'impossibilité la plus patente de socialisation, d'organisation, si cette première condition de civilisation a pour moteur un homme ou une fraction d'hommes libres ou devenant libres par la force brutale ou la ruse d'être les gouvernants. Je m'arrête, car mon but n'est pas de croire éclairer du flambeau des réalités ces minorités voleuses, mais bien d'éclairer les consciences des peuples et des législateurs qui ont mission sublime de leur ôter cette liberté, pour que les perfectibilités, agissant d'ensemble, forment enfin cette majorité socialisatrice, par laquelle le Créateur donna la faculté aux humains de pouvoir se vaincre mutuellement par eux-mêmes, et, par-dessus tout, de vaincre les imperfectibilités de la nature humaine, ce qui n'est autre que le principe destructif de la liberté illimitée. Les membres de la société continueront-ils à s'entre-assassiner, à se voler, jusqu'à ce que l'anéantissement de la société ait lieu? Alors ils serviront d'exemples pour d'autres sociétés, et ne changeront en rien leurs responsabilités et les effets du principe civilisateur toujours progressif pour d'autres sociétés. Ainsi donc, que fiévreusement ils se convulsionnent et se rabougrissent ou se tuent, ils ne peuvent éviter d'entrevoir les conséquences de leurs responsabilités éternelles, car il reste avéré que l'homme ne peut développer ses facultés organiques intellectuelles, sans prendre conscience des responsabilités de ces faits comme du sentiment divin d'un Créateur et de son éternité. Ainsi donc, trêve de citations, de convictions de l'individu; je rentre dans la matière, et dis que la nation française a toujours possédé un gouvernement, et ne peut être privée d'en avoir un, ainsi que des employés gouvernementaux. C'est la première condition, *sine quâ non,* d'existence sociale. Ne faisons pas d'inutiles récriminations sur les prestiges ou couleurs des drapeaux avec lesquels ces envahisseurs gouvernementaux lui ont fait, et veulent toujours, sans essentialité sociale, la faire se noyer dans le sang. Alors je dirai, pour la deuxième fois, qu'elle possède un gouvernement républicain, et, comme conséquence forcée de son maintien, le suffrage universel; l'un et l'autre sont des faits irrécusables, qui peuvent être aussi bien considérés comme des bases d'édification sociale que celles des monarchies de droit divin, ou de celles de tous genres anéanties. Pourquoi donc alors ce gouvernement ne prendrait-il pas racine comme les monarchies sur un sol si généreux pour nourrir tous ses habitants? Est-ce en l'arrosant de leur sang par leurs guerres inutiles ou leurs insurrections incessantes, inexpérimentées? N'est-ce pas plutôt en révisant la constitution, afin de régénérer les membres appauvris de la France et de fertiliser son sol si souvent ensanglanté? Il suffit pour cela de les contraindre mutuellement à des responsabilités particulières à chaque condition, comme aussi de protéger, organiser les trois conditions sociales et industrielles, forcées d'être vitales, homogènes, indestructibles entre elles. Ainsi donc, rechercher des bases d'édification sociale dans les temps historiques des sociétés à l'état monarchique, laisser subsister les pactes et lois du droit divin ou impérialiste et constitutionnel, au lieu d'en constituer de républicaines non copiées sur aucune autre république, et surtout sur celles tant vantées des Grecs et des Romains, qui faisaient de leurs semblables des esclaves, que l'on pouvait jouer, vendre ou tuer par colère ou par caprice, c'est ne mettre en pratique que des lois rétrogrades, essentielles à l'individualisme, à la personnalité des faiseurs de droit, à ces avocats mangeurs d'huîtres, qui donnent les coquilles aux demandeurs de république, ou de monarchie, ou de justice. Quoi de changé, si l'on ne varie dans la pratique qu'en raison des résistances insurrectionnelles? Tout est là dans la science de ces possesseurs ou exploiteurs de liberté sans condition; toute l'histoire ancienne se résume donc en quelques hommes libres par les armes ou par la ruse; tout le reste est des esclaves, et quant à la France contemporaine, des esclaves devenus souverains des hommes, des intelligences, instruits, développés à la ruse, au vol, à l'assassinat révolutionnaire, par l'exemple, voulant tous devenir libres et possesseurs de la fortune nationale quand même. Qu'est-ce autre chose qu'un ensemble corrompu ne formant plus qu'un amalgame de coteries, d'idoles, d'idolâtres et d'insoumis, un ensemble d'esclaves, de nécessité antisociale? Peu importent pour eux les moyens d'en user? ce ne sont pas là des lois, des exemples, des matériaux avec lesquels une société républicaine puisse construire un édifice social. Comment y puiser une juridiction civilisatrice et des points de départ réels, ou des axes de gravité sociale indestructibles, puisqu'ils n'ont su et ne savent que s'entre-voler ou se détruire l'un par l'autre; faits irrécusables, historiques, palpables, d'actualité? Bien que les lettrés contemporains chantent les merveilleuses améliorations qu'ont produites et produisent pour eux leurs développements intelligents par la liberté, la concurrence, leur destruction avant vingt ans couronnera l'œuvre. Les faits, les résultats sont matériels et reconnaissables pour tout penseur. Ainsi donc, les possesseurs, l'ensemble des électeurs, sont individuellement intéressés à se prémunir à leur égard, à se reconnaître eux-mêmes, à s'unir pour composer les freins à opposer à leurs libertés.

CHAPITRE VIII.

Premières notions abrébiatives du mécanisme social. — Constititution des genres de classement des membres de la société en trois genres de classes et industries.

J'ai, dans les premières Études des principes de l'animation, fait connaître ce qui constitue la séparation de l'espèce humaine des animaux par ses facultés intellectuelles, comme aussi par ses genres et possibilités de développement; j'ai fait l'analyse de mes convictions de responsabilités d'éternité, comme de celles toutes matérielles de l'existence terrestre; j'ai fait connaître les causes de destruction des sociétés comme mes prédictions sur leur avenir; j'ai, dans la deuxième partie des Etudes, fait l'analyse de toutes ces innovations de titres pompeux sans aucune solution ou application en systèmes sociaux autres que la destruction de l'une par l'autre; j'ai, dans l'analyse des responsabilités, fait ressortir les possibilités d'organisation gouvernementale; j'ai élaboré les premières réformes et projets de bases indestructibles d'édification sociale dans la troisième partie de l'Abrégé historique, physique et moral des sociétés d'Europe et de la France en particulier, comme aussi les mystères du suffrage universel, ce qui complète d'ensemble les études essentielles pour arriver sensiblement à connaître les principes constituants de l'ensemble social. Viennent donc maintenant les classements, les genres, les catégories qui doivent exister entre les membres de la société, comme aussi leur organisation d'ensemble pour être enfin civilisés de fait et indestructibles par les sociétés qui les entourent. A cet effet, je vais sommairement former le cadre contenant cet ensemble d'organisation sociale. Je divise l'universalité des membres de la société en trois classes et genres d'industrie, sous la dénomination de première, deuxième et troisième classes ou industries. Chacune de ces classes possédera trois genres : ainsi donc on dira : Première classe, premier, deuxième ou troisième genre. Maintenant chaque genre se subdivise en trois catégories : ainsi donc on peut dire : Première classe, premier genre, première, deuxième, troisième catégorie. Maintenant chaque catégorie peut se subdiviser en autant de genres de fonctions que cette catégorie peut en supporter : ainsi donc on peut dire : Première classe, premier genre, première, deuxième ou troisième catégorie, et première, deuxième, comme genre de fonctions que peut remplir l'une ou l'autre de ces catégories. Maintenant chaque genre de fonction peut se rediviser en autant de séries qu'il est susceptible d'en comporter : on peut donc dire, comme résumé final : Première classe, premier, deuxième ou troisième genre, et première, deuxième ou troisième catégorie, ou tel genre de fonction, et tel premier, deuxième ou troisième genre de série. Ici se terminent les classifications que j'ai crues essentielles au développement intellectuel des moindres érudits, pour que les idées, les pénétrations puissent de même faire l'analyse de l'essentialité de la mise en pratique de ces systèmes et projets d'organisation et de régénération possible pour la nation française.

CHAPITRE IX. — 1re PARTIE.

De la première classe, premier genre, première catégorie, premier genre de fonctions. — Introduction préparatoire.

Ayant divisé les membres de la société en trois classes, et chacune d'elles en trois genres, il faut préparatoirement faire connaître tous les titres ou types distinctifs des membres qui font partie intégrante de la première classe de cet ensemble. Il est aisé de comprendre que ce ne peut être qu'un point de départ réel qui s'appelle l'axe de gravité et de responsabilité sociale, puisque les autres classes et genres de classes ne sont, ne doivent former que des parties secondaires dépendantes et mues par cet axe de gravité, qui est la vie sociale, la vie intellectuelle des agglomérations d'humains en république ou en monarchie comme titre, sinon pas de société qui ne soit destructive d'elle-même; faits et résultats palpables et irrévocables, puisqu'ils sont constatés. Alors je dirai sans autre commentaire : Qu'est-ce que cet axe? C'est un gouvernement, une constitution ou un pacte législatif possédant la puissance motrice de l'organisation de toutes les fonctions et fonctionnaires gouvernementaux et des gouvernementés. Il résulte donc de ces combinaisons ou de ces divisions un premier genre, une première classe responsable de l'ensemble, qui est la puissance supérieure qui seule peut les contraindre toutes à fonctionner légalement et non destructivement; aussi, quelles que soient maintenant leurs formes, leurs fausses doctrines ou organisations et pratiques destructives, cette première classe, cette première puissance gouvernementale n'en existe pas moins, et doit toujours exister. Ainsi donc est membre première classe et premier genre de responsabilité tout homme pouvant être le législateur ou le possesseur de la puissance motrice, physique, intellectuelle et passive de l'ensemble des membres de la société; et, quels que soient les innombrables combats, destructions ou discussions que la possession de ces pouvoirs ait fait naître, ou que l'homme veuille faire prévaloir, ce n'est pas moins le moteur d'animation, la vie sociale, et c'est encore ce qui est d'actualité; et pourtant le moteur, la puissance d'action physique n'est plus le fait, le pouvoir accordé à un seul homme, mais bien celui de tous les membres de la société par le fait de la majorité des membres de l'Assemblée constituante issue du suffrage universel. Pourquoi donc alors refuser d'éclairer ces mystérieuses machinations du génie humain, encore en coterie, et détruisant le principe du suffrage, au lieu de réviser cette législation qui a détrôné les rois et leurs législateurs? C'est pourtant ce qui surgit. Maintenant est-ce un motif, parce qu'en 93 les membres de la société se trônèrent tous à la fois, et qu'alors, possédant tous le titre de souverain, ils voulurent de même en posséder les bénéfices, quels que soient les périls pour les obtenir ou pour les conserver, pour que chaque membre devienne de chute en chute roi ou empereur? Le peuvent-ils toujours? J'étends un voile funèbre sur tous les crimes qu'ils engendrèrent, étant tout entier à l'édification du présent. Je me résume donc quant à la première classe et dis que tout part maintenant, comme première puissance physique et intelligente, de la majorité de l'assemblée constituante étant issue du suffrage universel pour être légale et non d'un homme souverain ou de son entourage. Est-ce que cette assemblée, devenant secondairement législative, ne représente pas les souverains du corps monarchique, du corps religieux, n'est pas la première puissance ou axe d'existence sociale? C'est donc bien la première classe, premier genre, première catégorie, puisque les lois ne peuvent relever que d'eux, étant assemblée constituante, bien qu'avant leurs nominations ils ne soient que fraction égale de l'une ou l'autre des trois classes. Ce sont bien des citoyens devenus possesseurs de la puissance souveraine physique et intelligente, puisque les électeurs ont fait alors abdication de leur puissance d'action une fois leurs députés nommés, et ne sont plus qu'une partie égale de l'universalité des membres et sans aucune puissance délibérative, tant qu'ils n'ont pas de députés à nommer. Qu'ils cherchent à s'éclairer, à s'instruire sur la valeur de leurs députés, très-bien; qu'ils ne les renomment plus s'ils n'ont pas répondu à leurs désirs, encore mieux; mais, hors de là, au moindre essai de corruption élective, à la moindre voie de fait de brutalité, de coups ou blessures par un de ces membres, qu'il soit déclaré traître à la patrie et puni. Qu'est-ce que la majorité et la minorité maintenant? Deux hommes ou plutôt deux puissances intellectuelles, deux souverains si on le veut, représentant, quant au fond, le génie du bien et du mal, qui sont en présence sans pouvoir se tuer, étant tous deux immortels comme l'espèce humaine sur le globe. Est-ce se socialiser que de chercher à s'entre-assassiner partiellement comme les souverains par la grâce de Dieu, comme les républicains et socialistes le firent et le font encore, ne conservant l'un et l'autre leur souveraineté que par la force matérielle ou par leur plus ou moins d'intelligence de rouerie à faire valoir leur possession des trois puissances physique, judiciaire et morale? Il est donc bien évident qu'il en est encore de même quant à la majorité et à la minorité. De deux choses l'une : si la majorité n'est pas issue du suffrage universel, elle n'est pas légale, elle n'est que rétrograde, et deviendra minorité; et la minorité, comme conséquence forcée, deviendra la majorité, ou la société tombera de Charybde en Scylla, ce qui est plus probable, vu que l'une reste rétrograde et l'autre n'est que révolutionnaire pour, en fin de destruction, cesser d'être une société. Tout est là, et cela n'empêchera pas à d'autres sociétés de prendre possession de leur sol, de profiter de leurs exemples et des résultats de leurs fausses socialisations, pour en constituer une réelle d'homogénéité forcée quant à l'ensemble de leurs membres. Tel est l'abrégé historique et la composition réelle du premier genre et première catégorie de la première classe de la société; tel est le seul équilibre entre les électeurs et leurs mandataires devenus par ce fait les axes de gravité de puissance physique et intellectuelle de socialisation.

CHAPITRE X. — 2e PARTIE.

Première classe, premier genre, première catégorie, deuxième genre de fonctions. — Elaboration de la puissance physique passive et législative.

Bien que les représentants jouent maintenant le premier rôle dans l'ordre social sous le rapport de la socialisation de l'homogénéité qui doit exister dans les rapports qu'ont les membres de la société entre eux, il n'en est rien encore, vu leurs procédés en législation pour être durables. Les résultats, les faits le prouvent et font comprendre au moindre instinctif toutes les solutions de leurs problèmes et systèmes sociaux. Ils ne sont donc que les réalités de nécessité d'actualité dues aux littérateurs corrompus, aux plaideurs, aux mangeurs d'huîtres, donnant les coquilles aux propagateures de leurs plaidoiries ou de leurs doctrines toutes personnelles. Loin de moi toute diffamation, toute intention de formuler des accusations mensongères, ou de donner à la satire aux fausses interprétations gain de cause contre les industriels de cette classe : je n'attaque que les systèmes sans bases légales qui laissent des fractions de membres de la société libres de fonctionner selon leurs intérêts tout personnels. Je ne saurais donc trop m'étendre en citations en preuves irrécusables avant d'entrer dans les innombrables séries de ces industriels gouvernementaux. Alors je dirai, comme instruction préparatoire : Qu'est-ce que cette puissance législative, se perdant dans celle judiciaire et exécutive à tous les degrés? C'est celle dépendante de l'homme absolu ou d'une coterie puissance souveraine dans les sociétés où les lois n'ont pas de bases légales, c'est celle dont elle est le conseil tout d'abord pour constituer les lois, et pour exécuter ensuite les articles de la constitution, ou code, ou charte, que leurs chefs ou associés firent et font encore accepter comme émanation nouvelle des vœux d'ensemble du peuple et comme solution de tous problèmes passés, présents et futurs des nécessités socialisatrices de l'ensemble des membres de la société. Qu'est-ce que ces juridictions, ces pactes, ces constitutions, ces codes, ces chartes, tant vantés, appelés même des chefs-d'œuvre de l'esprit humain, sinon des partageux forcés de produire successivement un plus grand nombre de plaideurs, juges et parties dans leur propre cause, ou qui se révoltent de même pour l'obtenir? Après leurs révolutions que firent, que font ces législateurs nouveaux? Ils ne forment et ne réforment que des lois et fonctions de coterie exculsive, ne faisant des concessions, comme leurs prédécesseurs, que comparativement à la puissance de résistance matérielle ou intellectuelle qu'ils ont à vaincre? Aussi de ces législations résultent les faits progressifs de désorganisation et de spoliation prévues ou imprévues par ces lois dans tous genres d'industrie; et pour comble de destruction, ce fut la législation française qui, en 93, a rendu toute organisation gouvernementale et industrielle impossible jusqu'au jour où le suffrage universel fonctionnera en principe, ou plus de société. Quelle autre preuve sinon qu'ils commencèrent leur œuvre par l'abolition des corporations. Lorsqu'ils proclamèrent la liberté industrielle et commerciale, ce ne fut évidemment, pour le peuple gouverné, qu'un troc entre partageux et brocanteurs gouvernementaux, qui fut sanctionné, octroyé par eux au détriment de l'organisation sociale. Cinq codes en régularisèrent les articles à leur façon, et furent salués, approuvés, sublimifiés par ces renards, voire même par le peuple corbeau, qui leur abandonna la proie de chaque jour. Tous les genres d'industries et nouvelles créations d'industriels furent libres de produire les développements par la concurrence en raison de leurs facultés ou possessions et positions. Il n'y eut, comme toujours, que les pauvres de facultés et autres positions précaires, lettrés ou non, qui ne furent pas libres de faire valoir ou des facultés ou des positions et conditions qu'ils ne possédaient pas; vinrent ensuite les insuccès, et d'autres envahisseurs audacieux, profitant de l'inefficacité de ces lois et des matériaux populaires qu'engendrent les misères de la concurrence en tout genre, qui alors recommencèrent à se révolutionner, bien qu'on admette que la révolution de 93 en fit, en commençant, des mangeurs d'huîtres, vu que la pêche fut miraculeuse pour les capacités et les incapacités. Mais maintenant la plus grande partie n'a plus que le frétin, que les coquilles comme curée. Pauvres gouvernés! ces chefs-d'œuvre de législation ne furent qu'une proie gouvernementale, qu'une curée passagère pour les intelligences du vol; ce ne fut que la retransmission de cette liberté pour ces roués par d'autres escobarderies pour légitimer le vol réciproque, mutuel, entre les membres de la société, dont eux seuls pouvaient profiter. Le vol fut donc organisé législativement et judiciairement à leur façon au profit d'un plus grand nombre de souverains, au lieu de ne l'être qu'au profit d'une famille ou coterie monarchique, absolue et religieuse, admettant encore, ce qui n'est pas, la légalité des réussites dues à la concurrence parmi les gouvernants et les gouvernés, et comme augmentation phénoménale des possesseurs. Mais qu'est-ce que cela maintenant comparativement aux non-possesseurs, comme à leurs misères, à leurs immoralités déguisées, drapées à leur façon, comme au rabougrissement des races qui habitent les centres industriels, occasionné par la privation des choses essentielles au corps, ou par les excès, par les désirs insatiables dont l'exemple des riches leur fait une nécessité?

Ces populations ont-elles cessé d'augmenter dans les centres industriels, et, à cause de cela, les propriétaires, les parvenus, gouvernants ou gouvernés, sont-ils devenus plus humains, plus grands citoyens? Sont-ils devenus plus généreux envers leurs concitoyens? Ont-ils grandi avec leur fortune? Ont-ils ennobli leur manière d'en user? Les quatre-vingt-dix-neuf centièmes d'entre eux sont restés cuistres ou singes ignobles de la noblesse, de la gravité de l'homme; ils sont fortunés sans savoir profiter de leur fortune, sans en faire profiter l'Etat, sans en laisser tomber quelques miettes sur les malheureux qui ont contribué ou contribuent à l'édifice de leur prospérité. Quand ces malheureux ne peuvent plus travailler ou sont sans ouvrage, ce sont autant de nécessiteux à la charge de l'Etat. Attendra-t-on qu'ils meurent de misère ou de faim par milliers, ou qu'ils se révoltent, pour les soulager d'abord et les socialiser après? Est-ce qu'il devrait y avoir des mendiants dans une société bien organisée? Pas plus que des possesseurs qui ne soient pas tributaires et responsables de la misère sociale. La loi doit donc les contraindre de venir au-devant de ces misères, en fondant une société nationale de secours mutuels, ou en établissant une cotisation forcée, et non volontaire, pour fournir les aliments de première nécessité aux nécessiteux. Ces parvenus n'ont donc d'autre modérateur que leur conscience; ces industriels, prolétaires eux-mêmes en des temps plus prospères, connaissent pourtant bien toutes les misères du prolétariat; mais les uns et les autres sont libres. S'il y en a qui soient humains et organisateurs, les quatre cinquièmes ne le sont pas: tout est là. Peu importe donc à la plus grande partie de ces parvenus la misère de l'ouvrier; tant pis pour lui, disent-ils, tant pis pour les inintelligents sans réussite et pour les mal conseillés, pour ceux qui subissent des revers ou vieillissent misérables; ils les traitent d'immoraux, de prodigues, de vile multitude, parce qu'ils vivent au jour le jour. Que cette masse de travailleurs, quand vient un temps d'arrêt, se convulsionne dans les privations de tous genres, meure même de faim et de froid, sans recourir à aucun moyen violent pour sortir de sa misère, cela importe peu à ces parvenus. Les lois, les codes ont dû tout prévoir. Tel est leur cynique réponse, et ils ont raison quant au fond. Ils se croient garantis dans leurs positions et possessions. Si ces prolétaires deviennent, par la force des choses, des socialistes sans organisation et se révoltent poussés par la misère, ils somment le pouvoir d'employer le canon et la mitraille. Ne sont-ce pas là les conséquences forcées, entraînantes, de cette législation de coteries? Mais, hommes parvenus, ces misères, ces insuccès, ces socialistes ont parmi vous leurs conseillers, leurs faiseurs de lois, qui les font vous tuer ou se tuer, en criant : Vivre en travaillant, ou mourir en combattant! Ils demandent le droit au travail, quand c'est le travail surabondant des centres manufacturiers, en grande partie inutile, qui n'a plus de débouchés de consommation. A chacun son genre de législation; la leur est le partage, l'égalité, la fraternité et la liberté par l'insurrection non combinée et sans autre efficacité que la destruction sociale entière. Tels sont les genres de législation monarchique ou démocratique et sociale en pratique. Pauvretés ! La civilisation des sociétés doit être un fait matériel, reconnaissable, et non idéalisme jésuitique ou féroce. A vous, lecteur, de répondre s'il en serait ainsi si gouvernants et gouvernés étaient corporés, catégorisés, si tout ce qui est fonctionnaires gouvernementaux était salarié par l'Etat. Quant à moi, je réponds que les salariés par l'Etat seuls n'ont pas failli à leur genre d'organisation. A ce sujet, je dirai : Quels exemples, quelles preuves plus irrécusables peut-on apporter en système intellectuel qui peut devenir un principe, qu'en retraçant l'historique succinct des fonctions gouvernementales, et que l'on compare les fonctions passives militaires avec toutes les autres? Sont-ce là des idéalités de constitution, de codes? Qui ne sait que cette puissance physique, organique, passive, est devenue, est restée pure, stoïque, honorable dans ses faits, sublime dans sa discipline, au milieu des corruptions gouvernementales? Aussi, je le répète, n'ont-ils plus que cette dernière puissance à désorganiser, à corrompre, pour que corps social et corps individuel soient entièrement pourris de camaraderie, de liberté, de délibérations politiques, en législation, en organisation gouvernementale, en socialisation, en démocratie, en liberté, égalité, fraternité. Qu'est-ce autre que les sectaires de ces faiseurs, des fascinés par les nécessités qui les obsèdent, ou des mal instruits? n'ayant pas la moindre connaissance des principes, n'ayant pas fait la moindre étude de leur nature organique, ils ne sont par ce fait que leurs dupes ou des perroquets criards, stupides, tout oreilles pour retenir et répéter ce qu'ils entendent, n'étant rien par eux-mêmes, ne voulant pas prendre conscience de leur fait par les résultats de leurs prédécesseurs. Si ces politiqueurs déblatéreurs populaires d'organisation sociale n'étaient et ne pouvaient être d'ensemble que des corbeaux ou des perroquets, de stupides avocats politiques ou socialistes, s'ils ne possédaient que cette faculté de la parole, on se mettrait du coton dans les oreilles pour ne pas les entendre; mais ils possèdent les instincts du singe comme imitateurs. Alors ils entremêlent les gestes, les actions, et croient tout résoudre par le cri de liberté quand même, et plus particulièrement en réalisant leurs espérances, leurs envahissements et convoitises. Alors ils sont devenus singes révolutionnaires, singes émeutiers, singes tribuns et souverains, enfin singes de tous les essais et excès que produisent leurs délibérations, leurs libertés, Est-il temps, est-il trop tard pour prévenir les effets destructifs de leurs œuvres, et ce que peuvent sur eux leurs infâmes apôtres, ainsi que ces fausses législations de l'homme fonctionnaire gouvernant et gouverné étant libres, pauvres systématiseurs économistes, socialistes, légistes en herbe? Reconnaissez-vous à vous, capacités parlementaires et littéraires, de dire ce que serait devenue cette puissance physique, ce principe d'organisation militaire, si les soldats n'avaient eu d'autre système de discipline que celle que vous vous êtes faites, si, comme vous, ils étaient libres de fixer leurs salaires, s'ils étaient restés, comme dans leur origine, la puissance gouvernementale délibérative et d'action; car alors, étant vainqueurs d'une société, ils seraient encore libres de faire de leurs membres des esclaves, comme en ces temps-là auxquels ils faisaient porter ce qui a échappé à la dévastation de leurs faits d'armes, pour se gorger entre chefs dans leurs centralisations, abandonnant à leurs soldats les restes comme curée. Telle fut la valeur légale de la législation des fonctionnaires républicains primitifs dont les successeurs trouvèrent les systèmes positifs comme principe d'organisation et de discipline militaire de toute essentialité. Pour s'en servir et se maintenir en puissance souveraine du droit divin et non du droit guerrier, ils établirent donc un principe physique qu'ils appelèrent puissance passive, exécutive de leurs volontés. Quant à la leur, elle resta morale et physique. Ce ne fut toujours que liberté d'action telle quelle pour ces choses. C'est pourtant ce qui serait arrivé, si l'armée avait été libre de délibérer comme ces fonctionnaires de la morale si intelligents et si consciencieux. Depuis longtemps les sociétés d'Europe n'existeraient plus; mais ils firent tant et si bien, que l'armée devint leur puissance d'action politique; elle fut toute conservatrice de leurs sociétés. Qui ne comprend que si leurs chefs eussent été des législateurs, s'ils eussent voulu tirer le parti essentiel à la socialisation, les fonctions des gouvernants et gouvernés seraient passives, et les membres, sans être des pékins, seraient socialisés et réellement civilisés? Parce que ces fonctionnaires ne délibèrent pas à l'égard de la fonction de l'action qu'ils ont à remplir, est-ce une raison pour qu'ils soient plus ou moins dépourvus des facultés, du génie, ou de l'intelligence, ou de l'instinct humain? Est-ce que ces facultés ne se développent pas plus perfectiblement d'ensemble parmi eux que parmi les autres fonctionnaires, dans le civil et surtout dans le peuple devenu souverain?

Peu importe donc, dans les premiers siècles de leur formation soldatesque, s'ils furent les satellites des tyrans, et ne formèrent d'ensemble que des cohortes d'égorgeurs, de voleurs, appartenant à un chef divinisé, qui n'était autre qu'un dévastateur de sociétés en train de se socialiser. Après tant de combats, d'exemples, comment croire qu'elle soit la même de nos jours? Elle est principe de conservation, de nationalité. Quels furent ses faits contemporains? Défendre le territoire, la nationalité envers et contre tous. Quel est le sentiment qui la fait agir? La gloire, l'honneur de ses faits d'armes. Qu'est-ce qu'un chef pour elle? Tout pour le combat, et rien comme principe d'existence sociale et de nationalité. Comme résumé et résultat, ce principe, cette organisation ne fit que progresser en essentialité de conservation de la société. A vous, hommes gouvernementaux, capacités délibérantes, de dire quels sont les résultats de vos systèmes conservateurs : la camaraderie, la corruption, le vol, les crimes rendus légitimes, et vos tendances dans le passé et dans le présent à développer toutes vos facultés intellectuelles d'érudits pour voler la chose d'autrui et pour vous la rendre aussitôt légitime par la possession. Quelles que soient vos capacités orales, littéraires, parlementaires, vos riches possessions, vos trop bénéficieuses fonctions, à qui les devez-vous? Pouvez-vous croire à leur durée, n'ayant d'autres bases que les systèmes de vos devanciers, ou pour soutiens que vos législations d'actualité. N'ayant d'autre puissance de résistance, de défense envers la désorganisation, que l'action de vos artificieuses doctrines, et la preuve c'est que vos trônés et les prestiges qui les avaient édifiés se sont affaissés sur eux-mêmes, après vous être par vous-mêmes suicidés, vos regards se retournent encore, pleins d'espérance, vers la puissance militaire; vous voulez persévérer dans vos voies rétrogrades. Ne voyez-vous pas qu'elle vous fera défaut, si vous voulez toujours ne vous en servir que comme vos prédécesseurs, que comme des satellites, au lieu d'avoir droit légal de vous en servir comme frein physique pouvant régénérer la société et maintenir le suffrage universel, qui seul peut sauver la patrie dans sa base représentative? Car c'est à ses membres seuls qu'appartient le droit, non-seulement de toujours délibérer, mais aussi de frapper toute résistance physique à ses décrets, étant le produit légal d'ensemble, ce qui n'est autre que l'essence divine concentrée de l'universalité des membres en une majorité. Ainsi donc, légistes de l'avenir, de grâce, étudiez la nature, ses principes, avant de délibérer. Revenant à l'armée contemporaine, peut-on dire qu'elle fut le soutien de la monarchie absolue, puisqu'elle la laissa détrôner en 93, et que, la patrie étant en danger, elle put vaincre une douzaine de rois ou puissances étrangères, et cela sous l'influence du titre de républicain et de sa nationalité attaquée dans son genre de vouloir s'organiser ou s'entre-détruire elle-même? Quels furent ses faits d'armes! En est-il de comparables dans l'histoire guerrière d'aucun peuple? Mais, hélas! comme principe, étant partie intégrante de l'axe gouvernemental, elle retomba encore, ainsi que la société et sa législation, sous la dépendance d'un axe fébrile, d'un parvenu, d'un empereur, d'un envahisseur insatiable. Que devint-elle, que fut-elle après sa chute? Toujours même courage dans l'adversité, toujours sévère à l'égard de sa discipline, n'ayant que la gloire de nouveaux succès ou la mort en combattant pour salaire. Est-ce sa faute si, épuisée, percluse par tant d'antisociaux et inutiles combats et de misères, elle succomba sans être vaincue, sinon son chef, qu'elle regretta et pleura? Est-ce sa faute si, après ces fatalités nationales, elle devint puissance d'exécution pour une charte monarchique? A qui encore la faute si elle combattit ses frères et concitoyens, sinon aux chefs et gouvernements rétrogrades qui voulurent s'en servir pour faire prévaloir leurs antisociales usurpations et dominations? Comme soldats, ils obéissent par principe à leurs commandements. Quelles pénibles preuves ne donnèrent-ils pas de leur stoïque discipline et courageux dévouement en 1830, en tombant frappés de mort par leurs frères, devenus les matériaux indisciplinés des envahisseurs! S'ils succombèrent, furent-ils vaincus, et ces révolutionnaires à titre de républicains peuvent-ils faire de leur défaite un titre de victoire, quand, le lendemain de cette criminelle prise d'armes de la part des deux partis, et au milieu de ce deuil national, ils n'ont obtenu les uns et les autres qu'un nouveau roi, de nouveaux fonctionnaires, sans changer les fonctions et leurs antisociaux systèmes d'indiscipline? Aussi, quelques années après, ces indisciplinés le renversèrent-ils. Grâce et reconnaissance soient rendues à ce roi, qui pouvait faire verser tant de sang innocent, de n'avoir pas employé la seule puissance physique d'action qui fût restée fidèle et pure de toutes les corruptions infâmes de son règne, dont il avait laissé développer les antisociales fonctions et camaraderies! Alors trop tardivement il sut se convaincre des fautes de son point de départ comme législateur, comme chef de cette puissance passive. Il n'y eut donc pas résistance armée contre la réforme électorale, pour soutenir ce trône, ce roi, mais bien une fuite de roi. Les victimes de ce cataclysme furent, comme toujours, l'armée et les matériaux révolutionnaires, faisant honteusement pour la nation trophée d'une victoire où ils étaient cent contre un. Quel fait inattendu à couronner d'immortelles comme à célébrer par des hymnes d'allégresse, sinon la réapparition de la république adolescente, qu'il aurait fallu draper en lévite, comme symbole de la pureté de son principe! Au lieu de cela, ces envahisseurs ne voulaient encore la draper que couverts du sang des victimes où elle prit naissance; elle ne fit que peur, et ne créa pas de républicains. Qu'ont-ils donc encore obtenu ces vainqueurs pour chanter victoire, pour bacchanaliser dans leurs banquets autour de ces haillons ensanglantés que repoussent les consciences? Est-ce que l'on n'a pas les exemples, les souvenirs, les résultats de leurs faits comme gouvernants, quand on les laisse libres de voler la puissance d'action socialisatrice? La république n'a donc plus d'autres entourages et instituteurs que les délégués du suffrage universel, et pour soutiens que la majorité législative, la puissance du socialisme et l'armée; c'est donc à cette majorité de réunir en elle, de grouper autour d'elle toutes les nécessités essentielles de régénération de la société, puisque c'est son seul principe d'existence; sinon plus de république possible, que de monarchie, et, comme conséquence, plus de société. En résumé, pour l'armée, cette disparition de la monarchie se passa l'arme au bras; elle fut proclamée républicaine le lendemain. Quelles citations, quels exemples pour les membres de la société, et quelles preuves plus irrécusables de la sublimité des faits et résultats de la discipline militaire! Et quelles réalités n'offrent pas les monstrueux et criminels résultats de l'insoumission des gouvernants et gouvernés, étant libres et non salariés par l'Etat, ou employés, et sans que ce soit le fait responsable de la majorité! Je me résume donc et dis que du jour où l'armée pourra délibérer sur les genres de systèmes sociaux à rendre praticables, cette armée sera entièrement corrompue et sans aucune valeur conservatrice de patrie, de nationalité. Il en sera de même de la part des employés ou du peuple. A vous, faiseurs de systèmes, déblatérez, délibérez tant que vos poumons dégénérés pourront le faire. 93 possédait une population vigoureuse et non délibérante, et, par ce fait, facile à discipliner, à organiser. Qu'en ont fait les vôtres et qu'en faites-vous maintenant? Des rabougris, appauvris, corps, sens et facultés, comme citoyens, comme républicains, comme patriotes, comme socialistes. Misères humaines, qui vous croyez des géants comme prôneurs de liberté ou de développement de l'émulation par la con-concurrence, quand au fond vous n'êtes que des destructeurs comme valeur sociale, n'étant ni instruits, ou délégués légalement pour cela, rabougris, géants ou niais politiques, ou chefs gouvernementaux, comprendrez-vous enfin que tout ce qui est principe est organisation matérielle, que tout système intellectuel sans légalité matérielle d'organisation pouvant contraindre les parties à s'y agglomérer, n'est d'aucune valeur socialisatrice, que, loin de pouvoir devenir un principe moral, il engendre la corruption? C'est la confusion actuelle, c'est un ensemble d'humains à l'état d'animaux plus ou moins intelligents, instruits, ou s'intelligentant individuellement entre eux pour le vol, et plus ou moins audacieux, ambitieux, rusés, hypocrites, féroces ou voleurs, quoique pouvant, l'un comme l'autre, être forcés, sinon de prendre conscience de leurs faits, du moins de ne pas être des destructeurs de l'ensemble de la société. Puisqu'il en est ainsi de la nature humaine libre, il faut, par des lois organiques, physiques, légales, avoir droit de la contraindre à arrêter les développements contraires à ses systèmes d'organisation. Alors ce système devient une organisation, un principe, un type de principe organique intellectuel, physique, indestructible, ét conséquence entraînante de toute moralité. Qu'est-ce qu'une conviction religieuse ou politique, docteurs de la parole, sinon un fait tout individuel qui doit être sans puissance matérielle d'action pour convaincre quand même, parce qu'il a été convaincu, ou qu'il s'est convaincu lui-même. Telle est toute la valeur d'une conviction morale, ou monarchique, ou organisatrice, ou politique, républicaine ou socialiste. Quels ne sont pas les crimes abrités sous ces voiles mystérieux de l'esprit humain? Les érudits peuvent-ils croire rester toujours impénétrables, et la conscience de leurs doctrines et de leurs faits, que chaque siècle a dévoilés, n'est-elle pas une réalité qui détruit leur maléficieuse puissance d'actualité? Que sont devenues en France ces divinités fabuleuses, leurs reliques et leur religion? Que sont devenus leurs prestiges, les convictions qu'elles formèrent, sinon de l'athéisme, de l'incrédulité, un ensemble de corrompus sans aucune conviction, s'appelant nation civilisée, moralisée, sans en être sciemment convaincue? En fut-il ainsi des fonctions militaires? Elles ne firent que progresser comme essentialité d'existence des nationalités, et cela sans délibérer et comme puissance passive. Aussi bien chaque siècle, chaque règne, sont autant de trophées historiques qui rendent hommage à leurs fonctions et fonctionnaires, comme ils couvrent de honte leurs chefs de ne pas s'en être servis comme de la réelle puissance d'action légale, pour obtenir une législation disciplinaire légale, de mutuelle responsabilité pour tous membres par le suffrage universel; au lieu de cela, ils ne s'en sont emparés que pour la satisfaction de leur ambition insatiable ou dans l'intérêt de leurs coteries. Aussi quels en sont les résultats, sinon que tout leur échappe? La preuve, c'est que monarchies, religions, républiques, leurs prestiges, leurs artificieuses doctrines des temps anciens et contemporains, se sont écroulés, voire même leurs titres. L'armée seule est restée pure, incorruptible et dans toute sa puissance d'action républicaine, puisqu'elle a été mise à l'épreuve dans les insurrections récentes, criminelles au premier chef, des soi-disant républicains, possédant alors le suffrage universel. C'est donc à la majorité, instruite par tant de criminels combats, de commencer par être légale pour avoir droit de devenir chef de l'armée. Comme si ce n'était qu'un seul homme, qu'un seul commandement, l'armée lui obéira comme à son ci-devant empereur. Mais il faut que la constitution soit un fait légal de suffrage universel en principe pour lui faire prêter serment, régiment par régiment, de mourir plutôt que de la laisser violer, même par la majorité législative, et d'en faire autant lors de ces révisions, une fois resanctionnée et promulguée. Faiseurs d'équilibre de puissance gouvernementale, la légalité vous fait peur; elle seule peut vous sauver. Quelle autre base peut-il exister dans une société de républicains? Comment autrement empêcher les envahisseurs, les insatiables, de s'en servir pour se trôner, ne fût-ce que pour quelques jours? Comment empêcher les socialistes d'avoir droit à faire des révolutions, ou insurrections, devenues nécessité incessante, pour vous y contraindre tôt ou tard? Le tout gît donc dans l'obéissance passive envers les articles de la constitution, envers la majorité. Telle est la seule essentialité conservatrice de la société; autrement néant à un temps reconnaissable. Maintenant le tout est donc de réviser la constitution, et, par-dessus tout, s'en prendre aux cinq Codes. Que faut-il de plus, en fait de preuves matérielles, pour être convaincu qu'il n'y a plus qu'à l'état républicain que ces réformes ou soumissions passives envers les articles de la constitution soient possibles, soient applicables, puisque les monarchies ne sont plus que des ruines et les rois des fantômes que font disparaître l'ombre d'un socialiste ou les cauchemars de républicains, tout prêts à saluer la réalité de ce fantôme. Telles sont donc les décadences inévitables des fonctions, quand leurs fonctionnaires sont libres, sont irresponsables, et ne sont, comme première base, rendus passifs dans leurs fonctions. Ici se terminent les détails comparatifs de la puissance passive et délibérative, puisque tout est là de ce que j'ai cru devoir instruire. Préparatoirement, si j'ai détourné le lecteur de l'ordre graduel de mes classements, c'est que j'ai dû faire en temps opportun les analyses démonstratives et comparatives de chaque partie coïncidente à cet ensemble, afin qu'après avoir fait l'élaboration et les études de ces analyses, mes résumés soient des types positifs, irrécusables, et deviennent des convictions intellectuelles de consciences acquises. Ainsi, comme je l'ai dit, je ne veux pas être un accusateur, mais bien un rapporteur des faits possibles aux facultés humaines par des expertises, et, par ce fait, n'établir des comparaisons que sur des preuves matérielles, pour rendre mes expertises de ce que l'homme a intérêt à dire être l'inconnu ou sa conviction, être reconnues aussi irrécusables et tout aussi matérielles que n'importe quelle fonction d'un membre de la société, bien que n'étant, par ses faiseurs, qu'à l'état d'essence éthérisée à l'alambic de l'esprit humain. Telle est la seule puissance de résistance de mes convictions envers mes semblables et la conscience des faits que mes études m'ont fait obtenir pour vaincre les artificieuses doctrines de l'esprit humain, comme aussi tous les développements destructifs d'homogénéité et d'équilibre entre les rapports forcés des membres de la société. C'est bien peu de chose quant à présent; mais comme ce sont des bases de principes forcés de se développer et de devenir ceux des sociétés, peu m'importe si les hommes du présent, hommes d'un jour, ou corrompus par leurs personnalités, continuent à s'entre-voler, à s'entre-détruire. Les sociétés qui suivront seront forcées de s'organiser d'après les principes dont j'ai découvert dans la nature les fonctions immuables, et cela sans être un lettré, un érudit, un littérateur, un économiste, un astronome, un chimiste, mais bien un homme s'instruisant, s'expérimentant sur lui, sur ses sens organiques matériels et intellectuels et sur ses semblables, ne comptant sur aucune récompense des siens dans son existence terrestre, tout entier à l'étude des fonctions d'ensemble et communes à tous les corps inertes ou à organes animés de la vie animale et intellectuelle. Je regrette que le style de mes compositions et agencement descriptif ne soit pas le fait d'un lettré ; mes prédictions d'avenir, les faits, les preuves à l'appui furent mes seules possibilités. Telles sont mes études de législation passée, présente et future, d'organisation et de socialisation de l'espèce humaine ; tels sont mes seules recherches.

Maintenant que j'ai éclairé les parties les plus obscures de ce que peut l'homme fonctionnaire en tous genres et surtout en puissance souveraine d'action, je vais enfin rentrer dans l'individualité des fonctions sociales de la première classe, sans égard à sa constitution d'actualité quant à la France devenue républicaine, car il reste à savoir si, pour la socialisation, l'organisation, l'homogénéité essentielle à l'existence de ses membres, il a suffi de changer les titres du chef de la société et autres choses, voire même les noms des rues, ou de placarder sur toutes les propriétés nationales : Liberté, Egalité, Fraternité, défense sous peine de la loi de les salir ou détruire, et tant d'autres incroyables, brutales ou plates turpitudes pour plaire au vulgaire plutôt que d'opérer la révision de cette législation et formation en classement d'employés gouvernementaux comme fonctions et fonctionnaires responsables tout à la fois. Tel doit être pourtant le fait des législateurs républicains, tels sont les projets que j'ai élaborés. Ainsi donc, à cet effet, je n'ai fait que poser les bases de chacune d'elles ; l'essentiel étant que la première classe ainsi que les séparations des employés gouvernementaux soient bien tranchées des gouvernementés pour pouvoir l'une et l'autre devenir des fonctions passives sous la dépendance des articles de la constitution nouvelle, pour que les types distinctifs soient faciles à reconnaître et durables, pour que les responsabilités soient proportionnées. Je vais donc sommairement, abréviativement, constituer, catégoriser et mettre en regard les fonctions et fonctionnaires tels quels qui devront faire partie de la première classe, comme aussi ces genres et catégories et genres de fonctions. Je dévoilerai quelques parties des abus existants ou possibles aux employés de chacune d'elles, pour, quant à présent, sinon espérer supprimer de prime abord toutes celles trop vicieuses, mais au moins pouvoir y arriver sensiblement, vu la grande intelligence que possèdent leurs exploiteurs à toujours profiter du côté faible des lois pour en éviter les pénalités.

CHAPITRE XI. — 3e PARTIE.

Première classe, premier genre, première catégorie, troisième genre de fonctions des juges. — Introduction préparatoire.

La deuxième catégorie du premier genre comprend toute fonction, tout homme salarié ou non, appelé à juger le fait de la contestation, de l'action, de la production de la chose de tous membres de la société. Comme on peut le présumer, cette catégorie serait une des plus nombreuses en fonctionnaires, d'autant plus qu'une fois les principes de responsabilité mutuelle de la famille envers le corps social, envers l'individu, établis, chaque chef de famille se trouverait alors, par ce fait, investi d'un degré de pouvoir juridique, ce qui ferait que le nombre pourrait en descendre jusqu'à un vingtième du nombre de l'ensemble des électeurs de la société, sans coûter à l'Etat. Mais là n'est pas le sujet d'actualité que j'ai à traiter, bien que rien ne soit plus praticable, plus essentiel à la morale. Cela ne peut être que le résultat des réunions des perfectibilités humaines pour la civilisation dont les bases sont encore, en littérature, à l'état de projet, de phrases, d'idéal, d'inconnu, d'imprévu pour ces faiseurs, et non comme cela le devrait. Je dirai donc que cette catégorie comprendrait tout fonctionnaire tel quel, salarié ou non, appelé à juger, à défendre ou à rapporter les faits d'accusation ayant le titre de criminalité ou autres, tels que juge en cour de cassation, juge en cour d'assises, juge en cour d'appel, juge conseiller et juge expert, défenseur, rapporteur, juge juré, juge expert, ayant le titre de juge conseiller des membres de toutes classes de la société, juge en matière correctionnelle, juge de paix, juge prud'homme, juge au tribunal de commerce. Il en serait de même des juges instructeurs et rapporteurs, des juges conseillers et défenseurs et rapporteurs à ces cours, qui prendraient la dénomination des cours desquelles ils dépendraient. Comme je me plais encore à le répéter, il y aurait des séries de faits que la loi pourrait conférer aux juges comme chefs de famille, d'après l'organisation établie à cet effet. Ainsi on pourrait arriver par degrés de juridiction à ce que, sur vingt membres, il y en ait un appelé à posséder le droit de juridiction sur certains faits de chacun des dix-neuf autres, et à leur en faire appliquer les pénalités. Mais, ne traitant que des juridictions possibles d'actualité, je dirai que chacune de ces cours de justice n'aurait de changé que les titres et genres de fonctions, comme classement par genres, et les genres catégorisés formés en genres de fonctions salariées ou non, ou tout honorifiques. Rien ne serait plus facile que l'organisation des emplois essentiels et la réforme de ceux inutiles, sinon contraires, comme aussi d'établir la hiérarchie des fonctions comme de leurs droits de contrôle, de degré en degré de juridiction et de leurs responsabilités.

CHAPITRE XII.

Première classe, premier genre, deuxième catégorie, premier genre de fonctions. — De la magistrature.

Deux genres de fonctions en magistrature forment l'ensemble de tout ce qui est du ressort du ministère de la justice. Les uns sont salariés, et les autres, tels qu'avocats, avoués et tous officiers ministériels, à offices, charges vénales, ne le sont pas. Chaque genre possède un code de tarif alloué à leurs genres de fonctions ou d'exploits, comme aussi une chambre disciplinaire; mais la grande partie se sont rendus libres, et de ce fait de fixer eux-mêmes les bénéfices ou salaires de leurs fonctions, et n'en font alors qu'une exploitation, donnant des bénéfices immérités. Tout cela n'a fait que progresser en genres d'industries et de fonctions judiciaires pour être contraire à l'ensemble des membres. Qu'est-ce autre chose que les développements communs à l'espèce humaine, étant libre, qui n'a que sa conscience pour frein? Les résultats et faits sont irrévocables, car ils en sont même arrivés à faire d'une propriété nationale une propriété héréditaire tout individuelle, quand ce ne doit être qu'un droit gouvernemental, une charge qu'il a droit de donner ou retirer ou de vendre à tout érudit ayant d'ailleurs les capacités et possédant les responsabilités ou garanties essentielles pour qu'à responsabilité égale le gouvernement puisse accorder la préférence à la supériorité des études des ayants droit. Il résulte donc de ce vol de propriété nationale, de cette politique infâme de créateurs de camaraderie, de coteries gouvernementales contemporaines, instituées comme un surgarant, un soutien de leurs monarchies nouvelles, et par reconnaissance elles ne furent renversées que par elles, que par ce qui a titre de la basoche et d'érudits, ou par les résultats de leurs faits. Ils s'illusionnèrent donc et se volèrent l'un l'autre sur les effets de leurs envahissements gouvernementaux, et furent forcés, en fin de débats, de retrôner la république, qui les détrônera quand même. Tels sont leurs déceptions et désappointements d'actualité.

Tels sont les résultats des audacieux qui ne prennent et consultent la conscience de leurs faits qu'en présence de l'insuccès, du péril ou de la mort. Les résultats sont donc, comme conséquence d'actualité, un gouvernement républicain bien inattendu par les quatre-vingt-dix-neuf centièmes des membres de la société. Aussi, ayant repris le dessus de leurs frayeurs, vu que les nécessités conservatrices en décidèrent autrement, vu le nombre d'adhérents au cri de l'ordre, ils redonnèrent alors signe d'existence monarchique, quoiqu'à l'état républicain, et persévèrent dans ces voies rétrogrades. Pourtant, pour tout penseur et homme consciencieux dans son dire et fait, peut-il dire ou soutenir si un gouvernement républicain a besoin de tous ces moyens corrupteurs pour former sa puissance gouvernementale, ou dire s'il est possible que ce genre de gouvernement puisse mieux se maintenir que les monarchies précédentes, s'il les laisse libres dans leur concurrence, et je dis : Abandonnons ces insatiables, pour revenir à la magistrature salariée. Et disons pourquoi le premier genre de magistrature fût-il, est-il, sera-t-il ce qu'il y a de plus respectable, de plus respecté et de plus digne de l'être? C'est qu'ils sont salariés par l'État. Tout est là. Loin de moi, répéterai-je encore, la pensée de ravaler, amoindrir le mérite de l'homme de bien à ses propres yeux, ou tout faire pour ôter toute considération méritée à l'ensemble de ce corps, voire même à l'ensemble humanitaire. Mais, ne traitant que sur des faits d'ensemble tout positifs et matériels, obligé de fournir des preuves de même positives, ce n'est donc que par des comparaisons de fonctions d'ensemble et non des faits individuels particuliers entre individus, que je peux opérer, pour obtenir des résultats d'ensemble; car alors les réalités deviennent transparentes, irrécusables au milieu des innombrables particularités de passions et d'intérêts tout individuels, tout personnels, que produisent les ténébreuses escobarderies possibles au génie humain pour le vol. Ainsi donc, les séparant et prenant comme base et point de comparaison les salariés et les non salariés par l'Etat, je dirai : Les hommes appelés à posséder les fonctions de juge sont-ils autres que des humains? peuvent-ils être considérés comme des êtres surhumains ou des vertus exceptionnelles? S'il en était ainsi, on n'aurait aucune criminalité, aucun désordre vicieux condamnable, occasionné par les passions; aucune condamnation n'aurait flétri un seul des membres de ce corps respectable. Mais il n'en fut, il n'en est, il n'en sera jamais ainsi. Ce fait est donc le seul qui relève et fasse valoir tout ce qu'il y a de méritant pour ceux qui veulent les maîtriser, puisqu'ils sont toujours libres comme tout individu de s'y abandonner. Le respect mérité à ce corps ne provient donc pas de faits individuels, mais bien d'une autre cause, et cette cause, c'est qu'ils sont salariés par l'Etat, et non libres de développer leurs facultés intelligentes toutes personnelles contrairement à l'ensemble, pour rendre plus productives leurs fonctions industrielles et positions telles quelles. C'est ce qui fait que, jugée d'ensemble dans ces faits et comme fonctionnaires, elle est plus méritante que l'ensemble des non salariés. Quelles preuves plus accablantes de réalité en établissent les comparaisons entre les fonctionnaires gouvernementaux salariés par l'Etat, et les fonctionnaires de la basoche et autres officiers ministériels et publics non salariés, bien que, pour les derniers degrés, leurs exploits soient tarifés par le code? Qui n'a pas conscience que, quel que soit le genre de fonctions que l'on veuille mettre en comparaison, s'il en a existé, s'il en existe un seul genre où les fonctionnaires méritent cette respectabilité de gestion d'ensemble des salariés par l'État, le mérite des premiers comme de ces derniers n'est donc que tout individuel, tout personnel à chaque fonctionnaire? Ils ne sont autres que des hommes, et non des êtres exceptionnels les uns et les autres. Faiseurs de perfectibilités humaines, si vous voulez qu'elles deviennent socialisatrices, au lieu d'être toutes destructives d'homogénéité entre l'universalité des membres, commencez donc par vous ôter la liberté, la possibilité, comme à tout individu, d'être juges et parties dans vos propres causes; le tout gît donc, comme solution de ce problème, à ne constituer que des fonctionnaires salariés par l'Etat, ou du moins, si cela ne se peut, de rendre réellement et non illusionnairement responsables des méfaits de leurs membres les corporations. Ainsi donc, que ces spiritualistes, avocats ou écrivains des perfectibilités humaines, prouvent si, d'après les résultats, les faits irrécusables des temps anciens ou contemporains, ils ne développèrent pas toujours et ne développent pas leur intelligence industrielle autrement qu'au vol et à la ruine de la société entière comme conséquence forcée.

CHAPITRE XIII.

Première classe, premier genre, deuxième catégorie, deuxième genre de fonctions des législateurs.

Inutile, en fait de législation constituante des genres de fonctionnaires et fonctions de la magistrature, de remonter dans la nuit des temps pour faire l'analyse et le résumé des résultats et conséquences entraînantes de ces législations, puisque celle impérialiste a depuis un demi-siècle survécu à toutes monarchies déchues, comme elle sert à la république actuelle avec ses mêmes codes condamnant quand même dans un temps ce qui fut un motif d'acquittement dans un autre. Est-ce pour cela que cette législation contemporaine, ces codes furent appelés les chefs-d'œuvre de ce que l'esprit humain ait pu et puisse produire pour civiliser, organiser une société? S'il en est ainsi, elle seule doit survivre à toutes les révolutions, à tous les cataclysmes. Ainsi donc le renversement de son fondateur et des monarchies qui ont suivi les émeutes, les révolutions, la destruction imminente pour tous de la société, sont des faits en dehors de la prévoyance d'une législation. Aussi, plus la société est en confusion, plus ces faux systèmes font naître de misérables, honteuses et condamnables actions devenues irrépressibles, et plus cette juridiction a de faits à juger, à punir, et plus le nombre d'officiers ministériels est obligé de progresser ou de doubler, quadrupler ses bénéfices. Tout est là, et tel est l'historique contemporain de cette législation merveilleuse ou plutôt de cette législation de coterie ruineuse et destructive d'homogénéité entre les individus; ne devraient-ils pas être ce que la nature de leur mission est d'être, des nécessités parasites au lieu d'être les sangsues du crime comme de la vertu, du vice comme de l'innocence, du fort et du faible, du travailleur et de son exploiteur, du possesseur et du non possesseur, du lettré et du non lettré, de l'instinctif et de l'intelligent, enfin, de toutes les contestations que le manque d'organisation sociale fait naître et de celles existant de toute éternité entre humains? En résumé, de deux choses l'une : si cette législation, si ces codes sont des chefs-d'œuvre, si nulle nécessité, nul développement intellectuel ou matériel, si nulle essentialité d'organisation d'ensemble ne peut autoriser les gouvernés à demander la révision, alors c'est qu'il est matériellement et intellectuellement reconnu par leur mise en pratique et par leurs résultats qu'ils forment un tout gouvernemental moral, et que les gouvernés n'ont rien de mieux à faire que d'en accepter les conséquences; pourquoi donc alors les docteurs de la parole et de la législation, ou comme députés, ont-ils toujours combattu de leurs capacités parlementaires les gouvernants et non les vicieux articles des codes, et sont-ils parvenus à faire détrôner tous les chefs d'emplois (n'était-ce que pour les remplacer?) et n'ont jamais combattu cette machiavélique législation, parce que, en grande partie, ils en étaient les avocats, et qu'au lieu d'un trône ils en pouvaient obtenir deux en devenant chefs d'emplois gouvernementaux? Mais il resta depuis pour eux, comme précédemment, à vaincre les développements de leurs exemples par la concurrence pour pouvoir s'y maintenir, pour empêcher leurs imitateurs d'en faire autant, bien qu'ils prouvassent, l'un comme l'autre, devoir les conserver comme droit moral ou légitime, et malgré cela ils n'en furent pas moins détrônés ou remplacés, ou dans l'insuccès crurent être plus heureux par l'insurrection, puisque le tout est de réussir, peu importent les moyens. Comment faire alors pour arriver à ces fins, à ces résultats si essentiels de révision de constitutions, de codes et autres ordonnances?

Ce ne peut être qu'en démasquant leurs prestiges en monarchie du droit divin ou religieux, en avocasserie législative et politique, en ramenant à leurs réelles valeurs ces divinités ou apôtres, leurs sectaires et fonctionnaires; ce qui n'ôtera rien de leur mérite comme citoyens et membres de société savante. Quel doit être le fait d'une législation, sinon d'avoir prévu tous les développements possibles aux facultés organiques matérielles, communes à l'espèce humaine, à l'homme libre en contact incessant avec des générateurs que cette liberté fait forcément progresser au vol de la chose d'autrui, et par ce fait comme conséquence n'a pu produire que des révolutionnaires de l'avocasserie, une société de voleurs quand même leur vertueuse science de la parole? Est-il donc impossible de constituer des pénalités pouvant devenir progressives pour être les modérateurs de ces développements au mal, contraires aux fonctions d'ensemble du mécanisme social? Qu'est-ce autre chose que ce problème qu'ils appellent l'équilibre social et la balance de la justice humaine dans laquelle doit s'entretenir l'équilibre entre les développements du génie du bien et du mal? Est-ce qu'il en fut ainsi, pour que les faits et résultats de cette législation répondent à ce but? ou alors il aurait fallu ou il faudrait, comme première condition forcée, que cette législation constituât ses codes, ses pénalités, de telle sorte que la puissance individuelle morale de ces vertueux citoyens soit passive, obéisse à la puissance mécanique de la constitution, et d'autre part, comme deuxième condition, que gouvernants ou gouvernés soient pesés dans la même balance, et que les gouvernants et gouvernés ne restent pas libres de pouvoir peser eux-mêmes leurs actions; il aurait fallu enfin que cette justice conservât assez de puissance physique pour exercer son droit graduel de vérification et de justification sur l'action et fonction du membre de la société, quel qu'il fût : alors c'eût été une législation progressive avec les développements, de même progressifs, du génie du bien, au lieu d'être ceux de l'individualisme et de la personnalité libre et sans contrôle, et comme gouvernants, rester puissance physique et morale ne l'étant pas; quelle autre preuve à fournir sinon qu'ils sont trop tardivement reconnus destructeurs de toute homogénéité possible. En admettant encore qu'à l'impossible nul n'est tenu, à l'égard des législateurs de ces codes, puisqu'ils furent en les constituant sous la dépendance d'une puissance absolue supérieure à la leur, est-ce une raison pour persévérer, une fois ces puissances, ces rois, ces hommes déchus, et surtout après un demi-siècle d'études de faits, d'exemples, de résultats irrécusables et de plus en plus accablants et destructifs et des plus corruptibles de l'ensemble des membres, pour être, dis-je, assez personnel, assez sot ou assez mal instruit ou, comme érudit, assez criminel, étant devenu la puissance de tous par le suffrage universel, de persévérer encore à maintenir les articles vicieux des codes? C'est vouloir maintenir une monarchie absolue. Qu'est-ce qu'un gouvernement républicain? N'est-ce pas une nécessité de tous envers tous, envers un même but, qui est d'appartenir à leur législation et non à celle des ci-devant empereurs ou rois ou coteries censément républicaines? Est-ce une raison, dis-je, pour qu'à des époques fixées ces codes, comme la constitution, ne puissent être révisés pour pouvoir toujours être en rapport d'équilibre avec les développements progressifs devenus des nécessités de l'existence des sociétés? Fameux ergoteurs ou capacités parlementaires, vous avez toujours pu et vous pourrez toujours obtenir cela; mais telles ne sont pas les récriminations que vous faites entendre au peuple, aux pauvretés que vous espérez toujours fasciner, voler, tromper. Littérateurs socialistes, est-ce en leur désignant les victimes à immoler ou à voler, ou en vous salissant par vos ignobles diffamations entre vos pareils sur vos manières différentes de procéder pour obtenir l'assouvissement de vos ambitions? est-ce que les résultats de l'un comme de l'autre ne sont pas le vol, savoir le rendre légitime, comme les ci-devant rois du droit divin, ou plutôt le pouvoir conserver? est-ce comme cela que vous ferez des prosélytes du génie du socialisme? Vous n'aurez en finale de débats oraux et révolutionnaires et comme combattants, pour partisans, que des forçats libérés, des voleurs se parant du titre de révolutionnaires comme premier type de républicains? Ignorez-vous que le peuple mal instruit ne sait, ne peut autre que se révolter, se faire tuer, ou vous tuer, si vous manquez de puissance légale, réelle, intelligente, législative, socialisatrice, pour tout ce qui seul peut être compris de son instinct conservateur, pour rentrer de même à l'état normal de puissance passive soumise aux articles de la constitution? Puisque vous ne l'ignorez pas, instruisez-le donc au lieu de le voler; rendez-le responsable en rendant le suffrage universel légal, puisque c'est un principe. Autrement, n'agissant et ne fonctionnant que comme fraction ou coterie, à force de tromper, de voler et faire entre-assassiner ce peuple et de vous entre-suicider et voler vous-mêmes, la conscience de vos vols comprise, ses misères progressant toujours, sa révolte deviendra la nécessité de votre destruction, et sera forcément l'anéantissement de toute la société, et cela très-prochainement.

Vous, députés salariés, l'êtes-vous pour voler un temps si précieux à employer à ces lois organiques, pour ne faire que vous entre-vilipender? Majorité d'actualité, quand serez-vous socialisatrice? Minorité républicaine et socialiste, quand serez-vous régénérée pour devenir la majorité civilisatrice? C'est donc en présence de tels résultats que je n'ai pu cacher ces réalités à l'égard des titres des capacités parlementaires et littéraires; en législation, en politique, en socialisme, ce n'est donc pas la capacité ni le pouvoir-faire qui manquent parmi les membres de la société pour former une bonne législation, mais bien l'organisation de cette puissance gouvernementale et populaire pour pouvoir détrôner la liberté accordée à l'homme, aux fonctions et fonctionnaires, telle quelle des gouvernementants et des gouvernementés, puisqu'elle est reconnue contraire à l'ensemble d'existence sociale, contraire aux nécessités des intérêts généraux de ses membres. Ainsi donc, en résumé, les législations des sociétés d'Europe, sinon celle des Anglais, ne furent, ne sont ni légales, ni socialisatrices, ni égalitaires, et c'est pourtant ce qu'elles devraient regarder comme première nécessité pour être indestructibles par le fait élémentaire du principe destructeur, et cela sachant, n'être qu'une minime partie en puissance souveraine ou des coteries ne constituant leurs monarchies et législations que pour elles, et cela comparativement au développement, à la résistance qu'elles éprouvent à conserver paisiblement leurs vols sans être obligées de les partager ou les perdre entièrement prochainement. Qu'est-ce que le bon vouloir de quelques sublimes génies de la législation, ou de pauvres diables comme moi? C'est la morale, dont la seule puissance est celle de conseiller, d'instruire, et cela sous tel despotisme que ce soit. Doit-on appeler barbares de certaines sociétés, parce qu'elles ont accepté tels quels une législation, un roi, et que les membres de cette société, après lui, en ont fait un culte, que ces rois héréditaires et leurs ministres, ou les cohortes guerrières qui s'en emparaient, n'ont osé toucher ni changer, quels que pussent en être les articles, redoutant les envahissements insatiables de l'homme ou de leurs sujets étant libres? Aussi ces sociétés sont traitées de barbares par celles se disant civilisées, et cela parce qu'elles ont su depuis des milliers de siècles se suffire à elles-mêmes, et qu'elles ont su éviter leur contact corrupteur, comme les envahissements de leurs schismes et législations corruptrices. En fut-il ainsi de celles, ou fabuleuses ou historiques, où les contemporains européens cherchèrent leurs législations, ou absolues, ou républicaines, ou démocratiques et sociales, dont l'archéologie ne trouve plus que les ruines comme témoignages de leurs bonnes fondations et genres de législations?

Pauvretés rétrogrades où propagandistes, est-ce là de la civilisation à consulter maintenant? Il en fut, il en est donc ainsi de celle existante, pour, en fin de systèmes, qu'elle arrive à être forcée par les développements élémentaires destructifs qu'elles ont fait croître à être obligée de s'entr'égorger ou être détruite entièrement corps et biens par elle-même, et cela très-prochainement. Cela peut, à la première vue ou réflexion, paraître incroyable ou comme impossible de les réédifier en société civilisée, quand, par l'analyse des faits, rien n'est plus reconnaissable et de plus praticable à reconstituer : le tout est de partir de bases réelles. Je poserai donc cette question à l'élaboration de cette analyse, et je dirai tout d'abord : Qu'est-ce qu'une législation, sinon un composé renfermant en lui tous les générateurs essentiels d'existence d'une agglomération d'espèce humaine, fortifiée, nationalisée, et pouvant se suffire à elle-même pour pouvoir défendre les limites de son sol et son genre d'organisation sociale envers et contre tout agresseur? Tel est l'ensemble des lois organiques essentielles : peut-il en être ainsi des organes humains? S'ils sont libres de délibérer sans droit légal dans leurs fonctions relatives à ces lois, c'est donc aux législateurs, à la puissance intelligente et physique à être légale, étant issue de l'ensemble des membres, et par ce fait ayant droit de faire une constitution des codes et pénalités, telle quelle, comme point de départ de prendre conscience de ce dont sont capables les développements des organes de l'individu humain étant libre et en contact incessant avec les exemples qui ne sont autres que les générateurs de leurs développements. Les gouvernants peuvent-ils faire croire encore qu'ils manquent de sujets, de preuves, d'exemples et de résultats? Les possesseurs et gouvernementants, ou les brutes ou mal instruits gouvernementés actuels formeront-ils la même puissance de résistance que firent, que font les possesseurs de trônes monarchiques et religieux à la formation de cette constitution? S'il en est ainsi, ils auront à faire face aux révolutions incessantes devenues élémentaires des non possesseurs envers les possesseurs, ou plutôt envers leurs possessions. Alors les non possesseurs vainqueurs n'accepteront plus comme par le passé, quelle que soit la constitution ou législation qu'ils chercheront encore à leur faire observer et rendre légitime. La loi du plus fort, férocement et non intellectuellement, sera la seule en pratique, et, pour conséquence, néant de la possession et du possesseur. La démocratie de l'homme férocement intelligenté deviendra la souveraine puissance. Tout est là pour la destruction entière de la société.

CHAPITRE XIV.

Première classe, premier genre, troisième catégorie, premier genre de fonctions. — De l'état actuel des fonctions de juges instructeurs, juges rapporteurs et accusateurs, et des défenseurs en général. — Analyse établie entre leurs genres de fonctions existantes et celles à reconstituer.

Vu les confusions de dénominations et progressions de fonctions et fonctionnaires en magistrature et fonctions judiciaires, il résulte un fait, un problème qui est l'inconnu pour les uns et un fait de bénéfice immérité pour les autres, et qu'enfin, pour les génies du bien, ce fut l'impossible à empêcher de progresser, n'étant pas en majorité. Mais maintenant peut-il, doit-il en être de même, d'après les résultats transcendants irrécusables qu'a obtenus chacun des faits particuliers de cette législation, ce qui est en finale la solution de leurs problèmes? Leur seule garantie de conservation est donc maintenant de réorganiser ce qui n'est plus que confusion en législation : alors il faut détruire le cumul en fonctions comme en titres, il faut que chaque fonction soit type distinctif de l'employé, qu'il ne puisse en détruire le mécanisme. Dans ce cas, en magistrature doit-il exister un accusateur ou le rapporteur d'un fait d'une mise en instruction? Il en est de même du défenseur, qui ne doit pas être le défenseur de l'un et l'accusateur de l'autre. Ils ne doivent donc être moralement, soit accusateurs, soit défenseurs de la partie civile ou autre, que des juges instructeurs ou experts rapporteurs des faits et responsables de leurs dires, étant appelés à les transmettre tout réellement à la juridiction des juges de ce fait. Ce sont donc, quant à présent, ces deux genres de fonctions qui forment l'équilibre de la balance où se pèsent les actions criminelles ou correctionnelles ou débats d'intérêts privés des membres de la société. N'est-il pas de justifications possibles autres pour l'un ou l'autre de ces faits que ce qui a lieu? Dans ces cas, il faudrait deux genres de juges, dont l'un jugerait le fait de juridiction à appliquer, et l'autre les faits matériels et fictifs des capacités orales des accusateurs et défenseurs. D'autre part, sont-ce ces débats ou plaidoiries qui seuls peuvent éclairer la conscience des juges ou jurés? C'est ce que ces avocats auront toujours intérêt à faire croire au vulgaire, quand, au contraire, ils ne font qu'éteindre la flamme divine des réalités, et c'est au milieu de ces débats de capacités orales déclamatoires à tant la phrase que justice est faite, bien qu'en tout état de cause, si cette sentence est le fait de faux témoignages ou de fausses interprétations, les juges ont pour justification à répondre : On peut tromper la justice des hommes, mais on ne peut tromper les juges dans l'application qu'ils font des pénalités. Alors le condamné, bien qu'il ait accusateur, défenseur, juges et jurés, peut être victime d'un fait qui n'est pas sien, mais bien celui de son accusateur, se laissant entraîner lui-même par les apparences ou par le manque d'études du fait, ou pour l'emporter en science orale sur le défenseur, ou soit par le manque de capacité orale de son défenseur ou la fausse interprétation des juges, et plus encore des jurés, à l'égard des preuves matérielles ou tout intellectuelles, de témoignages faux ou réels qui en résultent. Quelles autres preuves à fournir à ce sujet, sinon ce qui a lieu si souvent après le jugement qui laisse le droit au condamné d'en appeler en cassation pour vérifier si accusateur, défenseur, juges et jurés ont manqué à quelques formes ou règles prescrites par le code ? Quant aux responsabilités de ces trois genres de juridiction envers le condamné, aucune; les juges en cassation sont donc par ce fait, non les équilibristes du fait moral de condamnation quant au fond, mais bien de celui physique de la régularité des fonctions de ces genres de fonctionnaires. Ainsi donc, s'il y a manque des formes prescrites, il y a cassation de jugement et nouveau jugement à une autre cour, et cela seulement pour vice de formes reconnu dans ce jugement. Puis il advient que le même fait est acquitté ou plus condamné par le même genre de fonctionnaires appartenant à un même genre de cour de justice. Admettant, ce qui a lieu, que ce premier jugement eût été fait dans toutes les formes et prescriptions du code, le fait jugé subit donc alors condamnation au lieu d'être acquitté, comme il l'aurait pu être s'il y avait eu vice de formes, et cela sans que le condamné ait pu rien faire d'une façon ou de l'autre.

Ainsi, au milieu de ce dédale de jurisprudence et de ces genres d'équilibre de justice à rendre, quel est celui du côté réel et moral? Toutes ces citations ont leurs preuves irrécusables : à quoi sert alors cette montagne phénoménale de genres de docteurs de la parole, de jurisprudence, de fonctions, de fonctionnaires et de titres se confusionnant, se démentant entre eux, et d'aucun secours pour l'appréciation des découvertes des réalités? Le tout ne se résume-t-il pas dans cette sublime maxime : « Toi, qui es dans le doute, manquant de preuves matérielles, abstiens-toi; et, en fait de jugement frappant de peines infamantes un des tiens, mieux vaut acquitter quatre-vingt-dix-neuf coupables, que de condamner un innocent?» Qui peut dire que cette sublime maxime n'est pas celle toute naturelle des juges et jurés? Quel intérêt ont-ils à augmenter le nombre des coupables, et, d'autre part, quelle autre plus sublime garantie de justice légale que celle du juré? A quoi donc sert, dis-je, alors pour des juges et jurés d'être forcés d'entendre ces longues luttes d'éloquence, de plaidoiries, dont l'un, comme fonction à titre d'accusateur, a intérêt à trouver un coupable, ou tout au moins quelque partie de culpabilité, ou, dans le cas contraire, manquerait à ses fonctions d'accusateur, comme aussi le défenseur de tout faire pour d'un coupable en faire un innocent ou lui être contraire étant partie adverse, ou plutôt, quant au fond, l'un et l'autre, gagner un procès, et cela dans un but d'intérêt tout personnel, qui n'est autre que de faire valoir ses facultés orales, afin de se les faire acheter plus cher. Ainsi donc, de ces luttes entre l'accusateur et le défenseur, quels sont les résultats quant aux faits moraux? C'est qu'elles sont presque toujours inégales entre ces deux docteurs de la parole, ce qui par ce fait dénature la simplicité des réalités et rend réelles des idéalités et dénature par ce fait le prononcé du jugement par les jurés, et peut même influencer les juges.

Tout est là. Quant au genre de pénalité, de justice rendue à la présomption, à la réalité des faits, il faut donc convenir que le titre d'accusateur et de défenseur est un nom censé coupable, si de ces deux créations de fonctions il ne résulte pas avantage. S'il existe, pourquoi la pratique, les résultats prouvent-ils le contraire? Pourquoi, au lieu du titre ignoble d'accusateur public ou tel autre, ne pas le supprimer, et ne laisser subsister que celui de plaignant et de juge-instructeur, peu importe, premier, deuxième ou troisième genre, et de juge-expert-rapporteur, défenseur des faits incriminés ou des délits dans l'une ou l'autre de ces cours, ainsi que la justice humaine a droit de l'attendre? Est-ce que les jurés ne sont pas forcés de s'instruire progressivement comme l'ensemble des membres de la société, pour en connaître du fond et de la réalité, en raison des développements intellectuels de l'ensemble des membres de la société? Qu'est-ce autre chose que cette juridiction, si ce n'est celle toute naturelle et non déclamatoire de juge-expert d'un fait que la loi doit et peut atteindre, juger et punir, par l'analyse matérielle de la chose, quelle qu'elle puisse être et non idéalement? Il est aisé de comprendre que, par ce moyen, ces genres de fonctions ne pourraient être que réels, et les rendus de l'instruction, des résumés, des expertises et des jugements réels; ce serait la seule garantie, le seul équilibre possible de la justice administrative entre les humains; alors la justice ne serait plus sous la dépendance de l'esprit personnel. Ainsi donc, quoi qu'on ait pu dire jusqu'alors, et sans en connaître ou enseigner le moyen d'y remédier et la facilité de corruptibilité de l'homme juge-expert-rapporteur ou expert-défenseur, si important en cette matière. A cela je répondrai : Les pénalités de la responsabilité prévue à l'égard de ces fonctionnaires ou de quelque plaignant que ce soit étant organisées en ce qui pourrait être reconnu le fait d'un faux témoignage ou faux rapport seraient prévues, seraient plus que suffisantes, et d'ailleurs les conséquences de cette corruption ne sont-elles pas aussi, sinon plus praticables à leur état actuel? Ainsi donc, ayant supprimé à tout jamais ce titre d'accusateur, il n'y aurait plus que des faits à vérifier, à analyser, à instruire, à rapporter au juge compétent, et des membres appelés des prévenus et des plaignants, soit d'un crime, ou d'un délit, ou d'une possession revendicable, ou d'une fonction contraire à l'ensemble ou à autrui, condamnable quel que soit le degré, la position, production et fonction du membre. En tout état de cause, nulle prévention ne pourrait avoir lieu sans que le porteur de plainte ou le prévenu ou la chose n'amenât un résultat, une responsabilité soit envers le prévenu, soit à l'égard du porteur de plainte; car, en toute justice, une plainte pouvant être infamante ou celle d'un infâme, n'est-ce pas tout ce qu'il y a de plus redoutable? C'est donc ce qui fit innover aux légistes les fonctions d'accusateur, au lieu d'en faire des juges-experts ou instructeurs de la plainte et de la prévention, pouvant par avance s'éclairer sur les réalités des faits sans être plus responsables pour cela envers la prévention, le prévenu, sans être pour cela son accusateur, et d'être intéressés à ne faire que de la criminalité, de la péroraison, de la plaidoirie plutôt improvisée que réelle, envers et contre tous, comme cela a lieu. Telle est la balance dont ils se servent en fait de justice à rendre. Qu'est-ce que l'importance de ces plaidoiries, de ces avocasseries comparées au résultat du but moral d'une législation de société voulant se civiliser? Rien dans l'état actuel comme éventualité, sinon d'avoir été libres de développer toutes les facultés de l'esprit humain, pour en imposer aux mal instruits, aux vulgaires imbéciles, leur prouver que blanc est noir, et *vice versâ;* de n'avoir, de ne chercher jusqu'alors ses bases et points de départ que dans l'idéal, l'improuvable quant au fond, ou dans des artificieuses doctrines se détruisant entre elles. Les résultats sont donc que les principes organiques de cette matière, quant au fond, ne sont mus que par des passions matérielles, par l'assouvissement des troisièmes nécessités communes à l'homme insatiable étant libre de les faire valoir envers et contre tous, en politique, en législation, en justice, tout dans son intérêt personnel ou celui de la coterie de la chose qui peut le protéger, et tout personnel dans le succès. Ce n'est donc que par le suffrage universel qu'il reste encore l'espoir que ces péroreurs ne pourront pas détruire la société corps et biens de fond en comble, tout en s'en proclamant les défenseurs populaires ou autres. Telles sont les élaborations d'études essentielles à méditer en fait de législation républicaine.

Ainsi donc, comme résumé d'analyse, plus d'accusateurs, plus d'accusés, mais bien des porteurs de plaintes, des juges-experts-instructeurs et juges-rapporteurs de faits reconnus être incriminatoires jusqu'à leur dernier échelon, pour toute demande que justice soit faite d'un de ces faits. Alors plus d'avocats accusateurs, mais bien des juges experts, défenseurs de tous les genres de faits incriminés ou demandes d'incriminations ou de contestations civiles; et de plus, comme équilibre et fusion de toutes les convictions, les juges-instructeurs-rapporteurs, les juges-experts-défenseurs, le président et les juges auditeurs, ainsi que les jurés de la cause donneraient leurs votes, ce qui donnerait un résultat, une majorité morale qui formerait le résumé du jugement à rendre par l'organe de son président. Rien ne serait changé quant aux genres de cours de justice existantes; il suffirait de constituer celles devenues essentialités d'organisation des jurés devant savoir écrire, comme aussi des juridictions des chefs de la famille, pour pouvoir opérer graduellement toutes les modifications et révisions à faire sur la pratique des fonctionnaires de ces genres de juridiction.

CHAPITRE XV.

Première classe, premier genre. troisième catégorie, deuxième genre de fonctions. — Des juges conseillers de la famille.

Un législateur, peu importe le membre de la société, ne doit accorder confiance qu'aux lois ayant pour base et point de départ un principe matériel se liant à l'ensemble du mécanisme organique sublime de la nature, et tout lettré ou jugement sain le sait, mais non au dire de l'individu ni à ces pauvretés ou spiritualistes doctrinaires, compilateurs l'un de l'autre, mentant à leur conscience, étant des érudits, en faisant croire qu'on doit s'en rapporter aux convictions de l'homme dans ses fonctions et son bon vouloir envers ses semblables, quand au contraire, s'il est libre et sans autres freins que sa conscience, ce n'est pour tout homme consciencieux qu'un fait particulier tout personnel à l'individu, et non une base, une puissance d'action physique, pour obtenir de l'ensemble des membres d'une société leur organisation et soumission aux lois. J'en laisse toute la responsabilité ou le mérite tout particulier à qui le prouve par ses actions et non par ses paroles. Le positif est donc de dire que la conscience n'est autre qu'un sentiment qui prévient l'homme sur son fait; mais l'homme étant libre, soit envers tout ou quelques-uns des siens, peut, par ce fait, laisser agir ses sens; il se forme en lui une idée fixe de personnalité et d'individualité que ses facultés organiques font ou peuvent faire valoir, en raison de leurs moyens d'action, alors, dis-je, sa conscience ne lui sert plus qu'à savoir se garantir des cas nuisibles à son idée fixe, et à la réussite de la satisfaction de ses sens et de sa personnalité. Tout est là quant aux fonctions et productions des quatre-vingt-dix-neuf centièmes d'hommes libres de se faire croire sur parole, ou faire de cette faculté tout individuelle une puissance dominatrice ou législative pour la socialisation des humains. Comment l'homme aurait-il pu commettre ou commettrait-il tant de genres de crimes et faire tant de dupes, s'il n'en était pas ainsi? Tant de preuves, tant de résultats à l'appui prouvent donc que l'assouvissement de ce dont il fait pour lui nécessité est tout, étant sans frein, que son seul frein est l'insuccès de ses dires ou fonctions et actions, et qu'il ne devient hypocrite, menteur, voleur, furieux, criminel ou féroce qu'envers la résistance; autrement il est plutôt jugé d'ensemble bon que méchant; la constitution est tout, et non la morale. Celle des temps anciens et contemporains a-t-elle changé, modifié les fonctions et actions de l'ensemble des membres de la société et de l'homme libre ayant conscience de ses faits? Si on ne compte pour rien en fonctions sociales les intentions, le bon vouloir, le dire de peu importe l'homme, cela change-t-il la nature du fait, soit antisocial ou sublime? Ainsi prévenu, cela ferme-t-il les yeux en présence des sublimes productions du génie, comme aussi d'être l'admirateur, le propagateur des sublimes maximes de morale possibles à l'esprit humain? Pourquoi donc ne pas profiter du bien et empêcher, par des freins physiques, les développements du mal, puisque ceux de la morale de ces perfectibilités n'ont pu obtenir ces résultats, et qu'au lieu de cela ils sont en grande partie les auteurs de tous les crimes qui épouvantent l'espèce humaine et détruiront de fond en comble les sociétés, peu importe donc l'intention morale mais bien une puissance d'action, un frein législatif et coercitif envers l'universalité des membres, puisque le principe morale n'est et ne peut être que celui tout personnel, tout particulier à chaque membre de la famille humaine, je dirai alors en résumé : Quant à mon semblable dans mes rapports avec lui, il me faut des preuves matérielles irrécusables, et non spirituelles ou idéales, pour que j'accorde confiance à son dire; autrement, pour moi comme pour tout homme qui ne veut pas être sa dupe, c'est un homme appartenant à telle industrie, à telle ou telle classe, à tel genre et catégorie, la faisant valoir en raison de la liberté qu'il possède : si c'est une perfectibilité humaine, il n'y a rien dans cela qui le ravale ou le déshonore; quand même ce serait un génie, un intelligent ou un instinctif, tout autrement d'ensemble étant libres, ils sont forcés d'être plutôt corruptibles que stoïques citoyens, plutôt voleurs que probes, plutôt méchants que bons, et cela proportionnellement aux résistances incessantes qu'ils éprouvent dans leur contact et rapport. C'est donc un ensemble d'humains qui étant libres, sont contraires, dangereux à eux-mêmes, à la société, et forcés de s'entre-détruire dans cette société. Tout est là comme confiance réciproque à s'accorder entre membres de société, sans frein égalitaire à leur liberté d'action et sans bases légales. C'est ce qui existe, et non ce qui devrait exister; c'est le vol possible à la supériorité, ou à la force brutale ou à l'intelligence intellectuelle, autorisé par les nécessités particulières et communes à chaque individu; ce sont les résultats et les faits d'une législation de fraction illégale. On ne saurait donc trop se méfier et se prémunir envers ces doctrinaires socialisateurs par la morale, vu que, comme résultat d'ensemble, il reste avéré que l'homme n'en fit qu'une exploitation, n'en profita que pour faire des dieux, des prophètes, des saints, ou pour, sinon l'être eux-mêmes, en être au moins les apôtres, ou les rois divins, ou les ministres; qui, de degré en degré, pour l'obtenir, ont renversé leurs dieux, leurs prophètes, leurs saints, leurs religions, leurs rois, leurs titres et leur première république; qui en sont arrivés à n'être plus d'ensemble que des déblatéreurs, des avocats politiqueurs, soit monarchiens ou républicains et socialistes, s'entre-volant ou assassinant, et disant se sacrifier ou mourir en immortels pour la patrie. Après de tels faits, de telles preuves, de tels résultats, à quoi a servi de trôner, ministérialiser ces perfectibilités, ou plutôt d'accorder confiance et liberté à l'homme en fonction sociale, ce qui est le pire de tout? Était-ce pour qu'il puisse épouvanter son espèce par tous les crimes dont il est capable, sous le voile mystérieux de la morale, de la vertu et du dévouement patriotique? Qu'est-ce que quelques génies du sublime ou des freins par la morale comme puissance de résistance socialisatrice pour se défendre et pouvoir dompter les passions, la personnalité de l'homme? Et maintenant moins que jamais, que peut-on faire de plus moral pour la socialisation et civilisation sinon de dévoiler, de démasquer les possibilités du génie, de l'intelligence ou de l'instinct humain, de démontrer comme elle se cramponne à tout ce qui est fonction gouvernementale et possession sensuelle? La régénération, la conservation de la société n'est donc possible qu'en les démasquant, qu'en les rendant tous mutuellement responsables envers la constitution, envers leurs fonctions, en leur ôtant la liberté d'être juges et parties et rendre homogènes et passifs leurs genres de fonctions pour que, quels qu'en soient le genre de facultés et les divers degrés de juridiction, ils soient responsables de leurs faits. L'essentiel est que chaque membre de la société, gouvernant ou gouverné, soit ou puisse être éclairé du flambeau des réalités, qu'il soit convaincu qu'il y a des pénalités qui peuvent l'atteindre dans son fait tel quel, que nul ne soit privé de conseils, de lumières, de protection, de justice. Alors, pour obtenir de tels résultats, il faudrait avoir droit légal de régulariser ceux en pratique pour, à l'avenir, qu'ils soient d'un effet moral incalculable, étant forcément progressifs d'ensemble. Le tout est de prime abord de créer, de constituer, comme je l'ai dit précédemment, un magistrat agissant comme juge et conseiller de la famille, sans rétribution de la part du membre porteur de carte de citoyen indiquant sa position précaire : il serait salarié par l'État; il aurait une chambre de conseil gratuite pour les uns, et de 5 francs par conseil d'une demi-heure, ou de 7 francs par heure pour tout autre demandeur de conseils, ce qui, pour l'État, récupérerait les frais de ces conseils. Qu'importerait que ces juges eussent de forts émoluments, d'autant que ce ne pourrait être que les plus respectables, les plus instruits et les plus vieillis en fonctions magistrales qui obtiendraient ce genre d'emploi? A ces fonctionnaires on pourrait avoir confiance. Quant aux recouvrements de l'État, uu registre à cet effet serait ouvert et signé par le demandeur, ce qui constaterait la somme payée, comme aussi l'audience donnée au prolétaire. Quant à l'avenir, ce conseiller deviendrait le conseiller et président même des chefs de famille, lorsque l'organisation de la responsabilité des familles et de leurs rapports entre elles serait en pratique; mais, quant à présent, n'ayant qu'à former les bases de ces fonctions, ce conseiller jurisconsulte n'aurait aucun autre emploi et fonction que celle d'instruire sur les demandes, ou celle de la vérification des faits ou plaintes telles quelles, quelle que fût la nature, la partie ou la chose de laquelle le demandeur aurait à obtenir justice : il ferait son rapport à cel effet pour en référer ou servir à qui de droit, pour être jugé à quelque cour que ce puisse être, ou, manquant d'importance ou de réalité, ou de faits essentiels, pour devoir être renvoyé à quelque autre juridiction que la sienne; dans le cas contraire, il jugerait ou ordonnerait que la cause du prolétaire privé des moyens suffisants fût jugée n'importe à quelle cour gratuitement; seulement, si du gain de sa cause il se trouvait possesseur de sommes, il serait retenu partie ou tout des frais qu'il aurait nécessités, s'il lui restait les quatre cinquièmes, ses frais prélevés. Les audiences seraient journalières, de neuf heures à midi, et d'une heure à quatre, fêtes et dimanches exceptés.

CHAPITRE XVI. — 1re PARTIE.

Première classe, deuxième genre, première catégorie. — Des fonctions judiciaires gouvernementales et civiles et charges vénales. — Notions préliminaires, analyse et résumé préparatoire.

Si, à l'égard de la première catégorie en magistrature, je me suis abstenu de faire part des essentialités de recomposition, de réorganisation, ou de réformes utiles d'emplois et d'employés, comme des titres et émoluments à obtenir, c'est que, de toutes les fonctions gouvernementales, c'est celle qui est la moins vicieuse, la moins ruineuse pour la société, quant à l'ensemble des membres qui la composent, et cela provient de ce qu'ils sont salariés par l'Etat, que par ce fait leur intérêt tout personnel n'est pas libre de faire valoir leur industrie comme ceux qui en font partie et ne le sont pas. Les réorganisations et réformes à faire dans cette première catégorie ne peuvent donc être que l'œuvre du temps, et c'est ce qu'il y a de plus facile à mettre en œuvre comme en pratique à leur égard. Mais il n'en est pas de même, comme essentialité d'actualité, de la deuxième catégorie, et surtout de la troisième, comme office vénal et ministériel. Je reviens donc à dire comme préparation démonstrative : Qu'est-ce que la puissance gouvernementale? Tout. Qu'est-ce que la magistrature? Est-ce la puissance ministérielle, exécutive, gouvernementale, en la personne des fonctionnaires judiciaires, ou une seule et même chose en présence d'un fait pour obtenir ou faire justice de ce fait? Qu'est-ce autre chose, quant au fond, quant à l'action, sinon que justice doit être faite, soit comme exécution physique d'une criminalité, d'une correction, d'une contrainte corporelle, ou comme exécution d'engagements, ou justice rendue en contestation, en droit, de la chose réclamée, rendue ou gardée? Peut-on dire que l'une est plus ou doit être plus responsable ou plus intelligente que l'autre, puisque leurs exploits, leurs fonctions doivent être le fait législatif des codes? Peut-on dire que l'une comme l'autre ne sont pas des mécanismes d'exécution placés sous la dépendance d'un moteur et modérateur supérieur à tout? Si ces mécanismes fonctionnent mal, à qui la faute, sinon à la législation des codes ou à la liberté que les fonctionnaires possèdent de les dénaturer ou à la camaraderie qui existe entre eux. Il est donc irrécusable que l'une ne peut rien sans l'appui, le concours de l'autre. C'est donc ces puissances d'ensemble qu'il faut régulariser pour en connaître de leurs nécessités et valeurs respectives, physiques et morales. Je dirai donc que, bien que se liant d'ensemble, ces puissances furent séparées dès leurs origines par des titres ou dénominations tout différents pour avoir à fournir d'ensemble le même résultat, c'est-à-dire pour être une force dépendante d'une autre force. L'une fut la puissance souveraine physique, et l'autre la morale ou d'elle-même. Maintenant, si la puissance de la magistrature, si toutes les fonctions autres que celles dominatrices, ne sont pas passives, elles sont donc libres, et peuvent de ce fait relever leur puissance d'action d'une autre puissance que celle souveraine. Mais alors d'où la relève-t-elle? Est-ce dans la législation établie ou dans la morale? En ce cas, elles sont encore puissance passive de la législation ou constitution existante, car elles ne doivent pas être plus libres l'une que l'autre dans les fonctions gouvernementales, ou schisme religieux, ou hiérarchie judiciaire. Autrement elles sont libres d'être puissance de résistance envers la puissance souveraine ou la constitution, ou la morale établie en tout état de cause. L'une d'elles est supérieure et l'autre inférieure. Elles ne peuvent donc être libres que révolutionnairement l'un envers l'autre. Comme, avant toute chose, pour en agir ainsi, il faut pouvoir, il faut que celle qui attaque devienne plus forte, et qu'elle puisse vaincre révolutionnairement la résistance, soit en s'entr'égorgeant, ou machiavéliquement, ou en dissolvant la société révolutionnairement, en tout état de cause, tant que la société existe, elle est forcée de reconstituer un gouvernement une législation et organisation sociale, administrative et judiciaire telle quelle, ou que la société s'anéantisse entièrement. Ainsi donc, cette législation une fois constituée telle quelle, elle redevient encore pour ces révolutionnaires vainqueurs celle de l'Etat. N'est-il pas irrécusable que l'universalité des membres redevient, quant au fond, une puissance passive, obéissant à leur nouvelle législation, ou ils restent révolutionnaires jusqu'à ce que leur système ait enfin pu équilibrer toutes les nécessités, toutes les fonctions et fonctionnaires qu'elle a à former? Maintenant, pour qu'il existe des gouvernants, il faut qu'il existe des gouvernés; c'est ce qui forme la puissance populaire; ce sont donc d'ensemble trois puissances devant s'équilibrer dans les rapports forcés qu'elles ont entre elles, et malgré les combats, les chocs, les résistances qu'elles eurent, qu'elles ont encore à soutenir pour se maintenir trois, quoique, quant au fond, quant à la nature de vitalité d'existence sociale, elles ne doivent en former qu'une envers et contre tous, si jusqu'alors elles sont encore divisées, cela provient de ce que la puissance gouvernementale ou celle des gouvernés ont voulu rester mutuellement libres, et, comme conséquence, elles sont restées forcément révolutionnaires et désorganisatrices.

Est-ce une raison, parce que les gouvernés paient les gouvernants, et qu'ils aient pu, étant libres, devenir souverains? mais ce n'est qu'idéalement; autrement ils auraient fixé leurs salaires en raison de la valeur de leurs fonctions, pour les rendre homogènes, responsables, justes même envers eux. Toujours est-il que de toute justice le droit légitime de souveraineté comme membre de la famille humaine et comme membre jouissant de ses droits civils, par son vote comme suffrage universel est imprescriptible, est tout. Hors de là, rien n'est légal. Quel est le raisonnement sain qui peut dire que l'universalité des membres n'est pas une seule et même puissance passive, que ces innombrables genres de fonctions ne sont pas dépendantes chacune d'elles d'une organisation devant se lier et former un tout qui est l'ensemble social, le droit social, une puissance passive soumise à la constitution? Mais il n'en fut jamais ainsi, et maintenant, quant à la France, elle appartient à un instinct élémentaire conservateur d'ensemble appelé l'ordre, qui, comme principe, n'est qu'individuel, que fébrile, n'étant que le résultat des effets révolutionnaires, matériels et non intellectuels d'organisation sociale, ce qui est l'indice précurseur de la destruction prochaine de la société, c'est la liberté accordée aux hommes gouvernants et gouvernés de s'entre-détruire. Le résumé est donc que, quel que soit le membre, la fonction, le fonctionnaire, il ne peut être libre et n'être pas une puissance passive, sans être à l'état de révolutionnaire et de destructeur de la société. Telles sont les conséquences entraînantes et les résultats de toutes ces mises en pratique de législation du plus fort, du plus roué, de plus en plus corruptible par les exemples, et, par ces apôtres, fanatisant les pauvretés dont ils profitent seuls. Aussi, à un temps très-rapproché, très-reconnaissable, s'entre-détruiront-ils tous par eux-mêmes. Si le suffrage universel reste la proie d'une fraction illégale, s'il ne reste que rétrograde, que parlementaire, que pamphlétaire, qu'intelligence réactionnaire, au lieu d'être issu du suffrage légal, pour avoir droit d'être fondateur de la constitution d'une société à l'état républicain, puisque alors seuls ils sont puissance souveraine d'action délibérante, ayant droit de la constituer telle quelle, et progressivement de la réviser à des époques fixes et irrévocables, ou c'en est fait de la société.

En résumé, ayant éclairé, analysé ce qui est puissance passive administrative et puissance populaire, comme aussi les effets par leurs résultats à l'état de fraction de membres libres, je rentre dans l'ordre des fonctions judiciaires, et je dis ceci : Pourquoi donc des fonctionnaires salariés par l'Etat, et puissance passive, quand d'autres ne le sont pas, et de plus sont libres et sans responsabilité, sinon illusoire, qui, de ce fait, font valoir leurs fonctions et intelligences selon leurs intérêts personnels, couverts par les lois existantes? Si encore leurs faits, leurs exploits gouvernementaux et judiciaires, n'étaient pas obtenus aux dépens de tous et plus particulièrement des misères et misérables membres de la société ! S'il n'était pas établi que rien n'est plus facile d'obtenir d'autres résultats en tous genres de juridiction entre tous les rapports qu'ont forcément entre eux les membres de la société, alors la déloyauté, l'immoralité de ces faits exceptionnels serait moins flagrante. Qui ne sait, entre mille poursuites judiciaires, que pour une signification, un commandement, une saisie et vente même pour payer ses contributions, cela ne coûte au poursuivi que de 5 francs à 10 francs; quand, pour arriver au même résultat dans le civil, qui est d'être contraint à payer, je suppose, la minime somme de 100 francs, ils peuvent, en variant leurs genres de poursuites intelligentes, arriver à 300 fr. de frais, non compris la vente et frais de commissaire-priseur, qui sont des plus ruineux, et cela sans pouvoir obtenir d'autres résultats qu'un recouvrement pour l'Etat? Comme dit le proverbe : Où il n'y a pas de quoi, le roi perd ses droits. Tel est un des innombrables chancres rongeurs qui achèvent de détruire les membres les plus malades, les plus misérables de la société. Il en coûte trop cher pour obtenir ce droit, ce résultat. Est-ce en rejetant de l'un sur l'autre les effets désastreux de tous ces vols et infâmes actions, ou en les rendant politiques pour distraire leur essentialité de réorganisation, qu'on peut espérer s'en guérir ou s'affranchir de leurs ruineux effets d'ensemble? Sont-ce ces exploits, parce qu'ils les font au nom du peuple français et de la république, qui cicatriseront tant de plaies sociales? ou est-ce en s'en prenant à quelques particularités de détail des fonctions de leurs législations sans effet sur l'ensemble, et en perdant un temps précieux, que l'on peut y parvenir? Alors je dirai que, quelle que soit une base de socialisation, de régénération, pour qu'elle soit progressive, il faut qu'elle se lie d'ensemble par le même principe. Telle est l'œuvre d'une législation républicaine, et non ce qui existe sous la dépendance des coteries gouvernementales intéressées à se transmettre tous les avantages, les priviléges des lois de leurs devanciers. Est-ce que la république et les légistes passionnés de 91 étaient en état de maturité pour former, commenter une constitution durable? Est-ce que ces coteries de forcenés, de républicains ou de partageux, qui, jusqu'en 95, s'abreuvèrent de sang, de pillage, de vols ou de dévastations pour réussir, pouvaient constituer des lois immuables? Ils ne firent que de la législation de partageux, profitable à leurs coteries. Est-ce une raison, parce qu'un homme redevint chef, empereur et roi de la société ci-devant républicaine, pour que sa constitution et la législation de ses codes soit meilleure, soit plus morale, et doive rester debout immuable, quand leurs résultats destructifs d'homogénéité sociale ont renversé l'un sur l'autre leurs fondateurs et successeurs? Ces résultats sont flagrants, irrécusables.

Aussi, quant à l'ensemble des membres de la société, sont-ils tombés de Charybde en Scylla, car ils en sont à ne plus savoir à qui recommander leur fortune, leur individu, leur corps dénaturé ou perclus. Chaque membre, sans le savoir, ressent instinctivement que la société est menacée de destruction, et cela prochainement. Alors, fanfarons mal instruits, devenez donc des républicains d'idée fixe, l'étant de fait, et non des nullités républicaines ou monarchiennes ou socialistes. Alors vous pourrez vous régénérer d'ensemble. Est-ce que la république, devenue plus mûre, plus intelligente, peut toujours rester emmaillottée dans les langes ensanglantés où elle prit naissance? Est-ce qu'elle peut, est-ce qu'elle doit être responsable de tous les crimes qu'on lui impute, puisque c'est le fait de son entourage et des envahisseurs gouvernementaux d'alors qui la trônèrent, la renversèrent et la retrônèrent sans s'y attendre, croyant encore n'avoir affaire qu'à un enfant, ou tout au moins comme d'autres gouvernants, d'autres entourages en usèrent avec leurs rois, quand c'était un enfant ou un imbécile? Est-ce que le développement des consciences n'est pas toujours progressif? Tous ces faits et résultats ne sont donc rien pour la société, pour ses membres. Pauvretés littéraires, socialistes et réactionnaires, faiseurs de révolutions et d'émeutes, toute votre science législative est là. C'est donc de ces coteries des temps passés, présents et futurs, qu'il faut la dégager. Il faut, pour qu'elle devienne responsable de ses codes, de ses lois organiques, que ce soit le fait légal, responsable de tous, et ne reste pas l'ordonnatrice en titre d'un amalgame de codes, de lois, d'institutions et organisations toutes monarchiques, impérialistes et constitutionnelles. Tout est là. Je me résume, quant à la deuxième catégorie des exécuteurs judiciaires tels quels, et je dis que le tout est d'en faire des fonctionnaires salariés par l'État. Alors l'ensemble des membres y gagnerait, comme aussi l'État, car qui vole l'ensemble des membres vole l'État, et qui vole l'État vole l'ensemble des membres. En république, il faut mériter le salaire que l'on obtient de ses fonctions, comme dans toute industrie, pour que ce salaire soit légitime, et ne soit pas le fait du vol intelligent autorisé par la force brutale ou machiavélique des roués érudits et politiques.

CHAPITRE XVII.

Première classe, deuxième genre, première catégorie. — Des huissiers, des gardes du commerce et des greffiers. — Élaboration préparatoire.

Quel aurait dû être le but des législateurs en composant ces genres de fonctions, sinon d'arriver, comme résultat, à ce que justice soit rendue physiquement, moralement entre les membres, pour les contraindre entre eux à exécuter réciproquement leurs engagements moraux et physiques, à ce que leurs biens, leurs corps deviennent responsables envers le membre lésé ou les ayants droit ou, dans le cas contraire, d'être protégé sans faire des sinécures, des vénalités d'emplois, dont les fonctionnaires deviennent propriétaires, pouvant les vendre ou les faire valoir envers et contre tous, ce que l'équité, la moralité, la civilisation réprouvent? Chose inefficace comme fait coercitif de pénalité exigible pour faire et obtenir justice, et qui donne droit aux fonctionnaires d'agir au nom de la loi et justice. Les résultats ont donc prouvé que cette législation ne fut pas gouvernementale comme législation exécutive judiciaire, et n'établit pas l'équilibre moral de la justice humaine entre les poursuivants et les poursuivis. Ce ne fut, ce n'est que tripôt, qu'impôt inquisitorial de coterie gouvernementale, sans aucune responsabilité à l'égard de leurs infamies. C'est donc une association, une exploitation des misères ou des manques de loyauté existants de tout éternité entre les membres de la société. Cette législation ne fut donc et n'est comme résultat que le fait des plus forts restants juges et parties dans leur propre cause. Ainsi donc le but de la justice à rendre n'est que la combinaison la plus infâme, si cette législation fut constituée comme impôt sur les misères, les immoralités, les lèpres existant de toute éternité parmi les humains et dans les sociétés au profit de ces fonctionnaires, et le moyen le plus maladroit, si c'est pour obtenir des créatures, des soutiens de gouvernements; car quelle preuve plus flagrante à démontrer à l'égard des capacités dites de la basoche ou des érudits et des littérateurs en politique, sinon leur opposition incessante envers et contre toute organisation où ils ne prédominent pas? N'est-il pas reconnu que de tout temps ils ne furent qu'accapareurs, se disant réformistes sans être socialistes ou révolutionnaires sans être républicaines, et cela pour devenir plus libres dans leurs pratiques ou comme juges et parties dans la législation qu'ils avaient à reconstruire de compte à demi avec leurs nouveaux chefs gouvernementaux? Qu'est-ce que tous ces systèmes, ces péroraisons en présence de leurs faits et résultats accomplis de tous les siècles précédents? Qu'est-ce que toutes ces récriminations d'actualité rejetant l'une sur l'autre l'infamie de tous leurs faits et résultats antisociaux? Qu'est-ce que ces Escobars d'actualité voulant toujours prouver être plus vertueux, plus parfaits que leurs devanciers et moins corruptibles qu'eux, tout en voulant rester libres de développer leurs facultés intellectuelles et matérielles à la satisfaction de leurs passions, de leurs personnalités. Pauvres caméléons politiques, qu'allez-vous devenir si, quels que soient vos langages, vos écrits, vos travestissements, vos masques, vous ne pouvez plus être que des républicains, ou des fonctionnaires passifs salariés et disciplinés comme doivent l'être tous fonctionnaires gouvernementaux ou plus de fonctionnaires prochainement? Ce qui vous paraît encore plus incroyable, tels seront pourtant les résultats de vos faits, de vos suicides. Revenant, quant à présent, à la composition des fonctions judiciaires, doivent-elles être considérées comme un impôt ou comme une nécessité organique d'équilibre à établir à l'égard de tous les rapports, de tous les contrats et débats qu'ils font naître? Les résultats répondent, c'est un impôt gouvernemental devenu une nécessité d'exploitation par des employés gouvernementaux à l'égard de l'ensemble des membres, et non un juste et équitable équilibre établi à l'égard des salaires qu'en retirent leurs employés, comme des devoirs dont un gouvernement est responsable à l'égard de ses administrés; c'est donc comme résultat actuel, le temps révolu des effets de la personnification la plus corrompue, que puissent atteindre ces genres de fonctions administratives. Faut-il être maintenant une capacité législative, un jurisconsulte pour le comprendre ou pour composer les freins coercitifs, les pénalités essentielles, pour, sinon prévenir le manque de bonne foi qui aura lieu de toute éternité par l'individu ou les membres d'une société dans les contacts et rapports d'intérêts mutuels qui les lient et font agir pour constituer cette juridiction d'exécuteurs de par la loi? N'est-il pas à la portée du moindre lettré, du moindre jugement d'en connaître de la chose, de l'action et d'un fait tel quel, qui lui est personnel? Quel est le membre de la société qui peut ignorer, en prenant un engagement, s'il n'en est pas responsable ou s'il possède le bien, la confiance d'autrui, s'il en fait bon ou mauvais usage ou si sa possession est légitime, s'il est le plaignant ou le réclamant d'une chose? Que demande-t-il? Justice. Si pour l'obtenir les moyens lui sont plus onéreux que la perte de la chose, alors, victime lui-même de sa confiance, en une telle juridiction que peut-il faire? Rien, mais bien dire avec justice : Je suis volé de ma chose comme de ma confiance en cette justice ou par ces genres d'exécuteurs judiciaires. Quel est le membre de la société mûri dans les affaires qui n'a pas été plus ou moins victimé par ces genres de fonctionnaires? Maintenant, comme toujours, que demandent les uns, quels sont les moyens d'exécution des autres pour obtempérer à la satisfaction de ces demandes, sinon d'obtenir pour l'un l'exécution de l'engagement moral ou physique, et pour l'autre d'être responsable, corps et biens, et contraint à remplir les conséquences de son fait? Il doit en toute justice, corps ou biens, en supporter les responsabilités; alors dans ce cas, l'exécution, tout d'abord, doit s'en prendre à son bien, et s'il n'en a pas, s'en prendre à son corps, car en tout état de cause, par la législation, tout membre de la société doit être responsable de son fait tel quel. Ainsi le résultat de cette exécution doit être d'avoir le droit sur le bien ou le corps de l'individu. Qui ne comprend quelles doivent être les fonctions de cette puissance intermédiaire, sinon de faire obtenir justice à qui de droit, et non de tout dévorer par eux-mêmes? Telles sont, quant au fond, les bases. Viennent maintenant les exploits de ces genres de fonctions et fonctionnaires en exécution de la loi existante, mis en regard avec la constitution possible et applicables à ces genres de fonctions et fonctionnaires. Je dirai tout d'abord, quelle que soit cette constitution ou code de justice civile, si les fonctionnaires en étaient salariés par l'État, elle ne pourrait être que morale et toujours progresser en équitable justice à appliquer à l'égard des rapports qu'ont entre eux les membres de la société. Revenant aux genres de poursuites de l'état d'actualité, je dis : Un patenté ou non a obtenu confiance, a pris un ou plusieurs engagements, peu importe le genre; du moment qu'il ne le remplit pas, le code a dû prévoir les innombrables genres de faits, de poursuites que peuvent employer les ayants droit pour contraindre l'engagé, le dépositaire de sa confiance, à remplir son devoir, son engagement, sa dette, et enfin quoi que ce soit dont il s'est rendu responsable; maintenant, du moment qu'il y a manque involontaire de pouvoir le remplir, ou soit par cause de dissipation du bien d'autrui, ou calcul de déloyauté, ou vol de la chose d'autrui, quels sont les différents genres de poursuites à cet effet? Les mêmes pour les patentés. Si les caractères de ces faits ne sont pas reconnus par les créanciers escroqueries ou vols de confiance, ce qui est très-rare, alors ils sont confondus entre eux ou échappent à leurs pénalités respectives; aussi, de ces innombrables et fausses juridictions, il résulte que même des officiers ministériels et autres genres de sociétés en commandite autorisées, gouvernementalement dépositaires, par ce fait, de la confiance publique, peuvent réduire à la mendicité des milliers d'individus et n'être que des liquidateurs de sociétés ou des faillis; il résulte des formes de ces genres de procédures et de procédés entre les créanciers envers ces faits d'abus de confiance ou de retardataires dans l'accomplissement de leurs engagements, ou comme exploiteurs de la crédulité et confiance publique de ces voleurs comme titre réel que les plus confiants, les plus méritants obtenir protection ou leur quote-part de l'actif existant au moment qu'il y a poursuite ou déconfiture, sont ceux qui n'obtiennent rien, et les intelligents de les bafouer, et de dire : Sauve qui peut! d'autant que c'est la loi qui les favorise dans ces conflits de poursuites et de vols individuels aux dépens de l'ensemble des ayants droit. N'est-il pas irrécusable que si chaque genre de fonctions et fonctionnaires étaient salariés, et par ce fait n'étaient pas intéressés à faire des poursuites, ou tout au moins ne pas être jusqu'à une vingtaine de fonctionnaires à la fois employés à poursuivre un seul et même fait et délinquant, l'actif du débiteur serait plus avantageux pour l'ensemble des poursuivants? Ces citations sont irrévocables. Est-ce imprévoyance législative? Etait-ce nécessité pour alimenter toutes ces nullités de créations d'exploiteurs fonctionnaires qui, au nom de la loi et justice, les font valoir le plus qu'ils peuvent? Qu'est-ce que ces faits d'action civile, nécessitant tant de monceaux d'ergotages et d'exploits au nom de la république et du peuple français? Ils se résument à trois faits justiciables qui sont : pour le premier, le manque à la confiance par non réussite à tous les degrés et genres d'entreprises, n'étant pas le fait de préméditations honteuses, criminelles, lors de la consécration de l'engagement; le deuxième, le manque à la confiance par dissipation et détournement du but réel pour lequel elle est accordée; et le troisième, le vol prémédité, calculé à l'égard de la confiance publique, ou par quels moyens que ce puisse être, comme détournements ou dénaturalisation de la chose au profit d'autres ayants droit ou envers des tiers pour le profit tout personnel du délinquant. Tels sont les trois genres d'abus de confiance existants et les trois degrés de responsabilités de chacun d'eux. Les pénalités à cet effet ont donc droit de s'en prendre aux biens et corps des délinquants; mais, en toute justice, la loi doit-elle être protectrice des intérêts particuliers et déloyaux aux dépens des intérêts d'ensemble? Ne doit-elle, ne peut-elle pas les empêcher d'exister, sinon d'être de formation déloyale, ou n'être alors onéreuse, dangereuse que pour les ayants droit? Doit-elle employer les mêmes voies de poursuites envers l'un qu'envers l'autre? La question individuelle de chacun de ces délinquants ou ayants droit n'est-elle pas tout? Doit-elle fournir protection envers ces honteuses et déloyales entreprises ou poursuites que soit par le dépôt de leurs bilans ou liquidations? Doit-elle, à l'égard des poursuivants, les contraindre à tout exposer pour les mettre en banqueroute, pour que le plus souvent, comme résultat, il n'y ait que ces fonctionnaires qui s'entre-partagent les dépouilles du délinquant, ou, en tout état de cause, en palpent le positif pécunier ou en prélèvent la plus grosse part? Est-ce là de la justice civilisatrice et morale? Faut-il donc être légiste pour comprendre les genres de procédure à reconstituer, à supprimer ou à maintenir? Est-ce que la corruption et la destruction d'homogénéité sociale n'est pas arrivée à sa plus grande période? Est-ce que chaque membre n'en a pas été ou n'est pas plus ou moins victimé et, par ces faits, ne demande pas mieux d'ensemble, sinon d'être des voleurs protégés ou sans responsabilité, mais bien d'être rendus physiquement, mutuellement passibles et responsables de leurs faits? Est-ce si laborieux ou si impraticable, si irréalisable de pouvoir frapper avec justice ce qui n'est autre que de faire justice à qui de droit? Alors trois genres de délits sont bien incontestables, ce qui forme trois genres de pénalités. Ces trois genres d'abus de confiance commencent donc à l'impossibilité de remplir sa promesse, son engagement moral ou écrit; leurs variétés de genres se perdent donc maintenant dans ce qui est escroquerie ou banqueroute simple ou frauduleuse, et ne forment qu'un ensemble de méfaits dont les poursuites peuvent être les mêmes. Est-ce que les différences de culpabilités entre ces trois genres ne sont pas trop transcendants pour être confondus entre eux? La seule base de législation est donc de pouvoir les atteindre tous et les punir proportionnellement à leurs méfaits et, comme première condition, empêcher que tout fonctionnaire et créancier poursuivant ne puisse être juge et partie de son fait, ne puisse faire abus de poursuites ou de l'actif du poursuivi au détriment d'intérêts généraux, et malgré cela d'arriver aux résultats de responsabilité, qui sont de contraindre les membres à l'exécution de leurs engagements moraux ou écrits, ou d'avoir à en supporter les pénalités; mais, pour que ces pénalités frappent avec justice et dans l'équitable intérêt des poursuivants et des poursuivis, il faut classer, catégoriser ces trois genres d'abus pour en pouvoir, sinon prévenir tous les effets, les variations progressives de poursuites d'actualité, mais tout au moins en atténuer la majeure partie, et cela quand même les doctrines des érudits en socialisme et de leurs mal instruits de cette turpitude ignorante qui d'ensemble beugle contre tout ce qui est organisation et corporisation; ils appellent cela de la législation d'esclaves. Qui ne sait que ce sont ces poursuites infâmes dans leurs genres d'application de pénalités toutes ruineuses et non coercitives pour les viveurs et voleurs, mais bien honteuses, immorales pour tous, qui sont la cause que la plus grande partie des poursuivis ne sont tombés en déconfiture ou dans la misère ou arrivent au déshonneur, à la faillite qui n'est autre qu'une banqueroute quant au fond, que par ces genres de poursuites, vu les preuves que chacune d'elles fournit. Aussi, si elles ne sont pas jugées telles par les créanciers intéressés à leur ôter ce caractère, c'est parce que la justice exécutive dévorait le peu d'espérances ou de réalités palpables qui leur resterait. C'est donc pénétrer par les faits, par les misérables résultats que ces genres de poursuites font naître, croître, et qui menacent la société de ruine entière, que je vais former non-seulement les classements, mais aussi indiquer les genres de poursuites et de pénalités à appliquer.

CHAPITRE XVIII.

Projet de lois et pénalités judiciaires particulières aux faits d'abus de confiance en fonctions et fonctionnaires employés à cet effet.

Je dirai tout d'abord que rien ne serait changé quant aux titres d'huissiers, de greffiers et appréhendeurs au corps en matière de créances ou engagements écrits, sinon qu'ils seraient salariés par l'État, et fourniraient caution pécuniaire les uns et les autres comme responsables, non-seulement pour le montant des frais de leurs exploits envers l'État, des sommes qu'ils recevraient des particuliers, mais comme garantie d'ordre pour les archives des greffes. Nul officier ministériel ne pourrait faire un exploit sans, au préalable, s'être fait payer le montant du coût de la poursuite qui lui serait commandée; un mode de tenue de livres et de versement dans la caisse de recouvrement judiciaire serait établi à cet effet, comme aussi des moyens de contrôle de ces genres de fonctions. Tout cela n'est que particularités de dépendances de points de départ réels. Ainsi donc, ces premiers moteurs d'action constitués, viennent maintenant les fonctions particulières à chaque genre.

CHAPITRE XIX.

Première classe, deuxième genre, première catégorie, premier genre de fonctions. — Des fonctions d'huissiers.

Les huissiers n'auraient que quatre genres d'exploits, appelés mises en demeure, dont le premier serait de se présenter comme fondés de pouvoir chez le débiteur pour constater le refus de payement ou de satisfaire à n'importe quel genre de créance ou de réclamations. Cette première démarche serait payée trois francs par le poursuivant. Deuxièmement, le refus du payement constaterait sur le double le dire ou les genres d'exploits dont les débiteurs feraient l'exhibition, ou, faute d'en faire la déclaration, encourraient la prise de corps, aussitôt le fait reconnu faux, si toutefois le poursuivant l'autorisait. Troisièmement, cette formalité remplie, il serait remis au débiteur un exploit de mise en demeure, lequel exploit serait imprimé. Il y en aurait de quatre genres, et sur chacun d'eux seraient détaillés tous les articles de procédure judiciaire et les pénalités auxquelles serait assujetti ce genre de mise en demeure. Le premier serait la mise en demeure d'urgence; le deuxième, celui appartenant au tribunal de commerce, avec délai comme patenté; le troisième, celui appartenant au tribunal criminel et civil, et le quatrième, celui appartenant au tribunal de la justice de paix. Les mises en demeure d'urgence donneraient droit, aussitôt leur notification, à la prise de corps, comme aussi à la saisie de tout ce qui appartiendrait au poursuivi non patenté; celles du tribunal de commerce seraient avec délai, et énonceraient qu'à partir de cette notification, le corps et les biens du poursuivi patenté appartiennent à la justice, jusqu'au jour énoncé de comparution forcée au tribunal des siens, auquel il aurait à rendre compte de ses faits, depuis la notification de mise en demeure. S'il était constaté qu'il a dénaturé sa position ou fait quelques payements de créances depuis son état de mise en demeure, non-seulement la nature des délits, des pénalités, prendrait un tout autre caractère de culpabilité, mais de plus comprendrait comme complices les auteurs de tous les faits énoncés dans la mise en demeure; car alors ce serait non-seulement un abus de confiance individuel, mais aussi un manque de reconnaissance, un abus de confiance envers la loi, qui, malgré les créanciers, est protectrice et saurait faire justice de ces faits. Viennent maintenant celles des cours d'assises et tribunaux civils qui énonceraient le droit de prise de corps ou qu'elles sont en instance, et qu'il sera donné exploit par huissier de ce greffe du jour du jugement; celles du tribunal de justice de paix les énonceraient de même. Quant aux mises en demeure du tribunal de commerce, sous les rapports moraux et physiques, ce serait la conservation de la possession du débiteur à l'égard de tous ses créanciers; car, du moment où il ne peut remplir ses engagements, ce serait la loi et justice qui accorderaient confiance au débiteur et qui lui viendraient en aide, en lui accordant du temps sans autres frais que le coût de cet exploit. Alors il serait garanti par ce titre de toute autre poursuite, sinon des demandes de payement. N'étant pas libéré à l'égard de cette mise en demeure, cet exploit aurait une marge sur laquelle chaque huissier, lors de la constatation de refus de payement, inscrirait le fait et le montant de sa demande au débiteur; ce qui, lors du jugement, constaterait ce dont est responsable le débiteur, et donnerait droit au créancier, faute de payement intégral des sommes reconnues, à la vérification de sa position, comme aussi de demander au tribunal sa mise en faillite. Le tribunal alors statuerait d'office à cet effet en nommant un juge-expert salarié, ayant un cautionnement comme responsable de toute fraude possible; et dans la huitaine il aurait déposé son rapport. Le coût d'expertise serait taxé et payé par les créanciers demandant la mise en faillite. Alors le tribunal rendrait son jugement sans appel possible dudit jugement, qui prendrait le cours de juridiction établi à cet effet entre les créanciers. Ce tribunal aurait quatre genres de prononcés de jugement : le premier serait le rendu de non-lieu à faillite, ou comme faits excusables, malgré les créanciers; le deuxième, le rendu d'atermoiement pour payer l'ensemble des mises en demeure; le troisième, le rendu de mise à la disposition des créanciers, en suivant les lois établies; le quatrième serait le rendu de renvoi en cour, comme prévention de banqueroute malgré les créanciers. Comme je l'ai dit, cette mise en demeure imprimée contiendrait en somme tous les faits prévus de culpabilité et tous les articles de pénalités et des procédures qu'aurait à encourir un débiteur à l'égard de la loi et de ses créanciers : ce serait leur code de procédure et de frais, comme on le voit par la simplification des poursuites. Il en serait de même pour les fonctionnaires. A quoi servent ces innombrables notifications d'exploits où débiteur et créancier ne comprennent rien, sinon qu'ils se ruinent l'un et l'autre en frais pour fournir de quoi écrire à ces fonctionnaires, et les enrichir de la ruine des individus contraints par la législation de les employer? Je répéterai donc encore, à ce sujet : Est-ce un impôt? S'il en est ainsi, en est-il un plus immoral, plus infâme? Si ce n'est pas un impôt, je laisse aux légistes à lui chercher un titre, et qu'il soit en rapport réel avec le titre de morale judiciaire ou de justice gratuite à rendre. Nul n'ignore que l'État, pas plus que l'individu, ne peut quelque chose avec rien. Ces frais de procédure, les employés, les cours de justice et autres habitations et décorums coûtent; ce n'est donc qu'une règle de proportion à établir entre ces frais et les recettes à obtenir, comme frais tout particuliers essentiels pour chaque genre; mais, en tout état de cause, il ne faut pas en faire des sinécures, des sujets d'exploitation, ni les confondre entre eux. En résumé, je dirai que, quel que soit le fait de réclamation, s'il y a refus d'y obtempérer, en quoi donc une mise en demeure pour avoir à répondre au juge compétent, au tribunal civil ou de commerce? Est-elle injuste? existe-t-il une demande en matière de contestation ou d'engagement moral ou par écrit sur laquelle ne pèse pas une responsabilité? Et même cette mise en demeure n'est qu'un acte de prévoyance à l'égard du poursuivi, qui fait connaître ses degrés de responsabilité. Chacune d'elles est relative au fait qui la nécessite, chacune d'elles instruit sur la matière de la réclamation et ne détruit pas les droits de celui qui l'a reçue, ni la responsabilité à son égard de celui qui l'attaque; ce qui n'est que justice réciproque. Celle-là, dis-je, pourrait avoir pour titre réel : au nom du peuple français, et non le témoignage honteux du manque de civilisation, de morale et d'organisation judiciaire.

CHAPITRE XX. — 1re PARTIE.

Première classe, deuxième genre, première catégorie, deuxième genre de fonctions. — Des greffes et fonctions de greffiers.

Il est reconnu que chaque commune a sa mairie, et par ce fait son greffe. Si les greffes sont sans importance, il ne doit pas en être ainsi de leur centralisation par cantons, et ainsi de suite, jusqu'au chef-lieu de préfecture pour chaque département. On peut les régulariser de telle sorte que tous les greffes d'un département se communiquent, et d'ensemble forment une centralisation ayant titre de greffe archiviste de département. De ce fait, chaque greffe posséderait individuellement les archives de la circonscription établie à cet effet, et chaque greffier serait tenu d'envoyer au greffe de centralisation départementale, le plus succinctement, les déclarations de mises en demeure du tribunal de commerce, et non d'autre : ce qui ne s'effectuerait, de la part des huissiers, que le troisième jour de la notification de la mise en demeure, et par les greffiers d'arrondissement le surlendemain de la réception de l'avis, pour qu'ils arrivent au chef-lieu de greffe huit jours après leur notification aux débiteurs. Il va sans dire que cet intervalle entre la mise en demeure et son renvoi au greffe est pour donner le temps au débiteur de pouvoir s'acquitter, et d'éviter par ce fait qu'elle soit retransmise au chef-lieu des greffes, bien que son acquittement plus tardif puisse corroborer le fait de non-paiement.

CHAPITRE XXI. — 2e PARTIE.

Des motifs de ces formalités.

Il est plus dangereux, comme résultats pour les débiteurs, comme pour les ayants droit à réclamation de la chose, et en général plus immoral, de chercher à cacher sa réelle position que d'être contraint de l'avouer par la déconfiture ou la banqueroute ; car de deux choses l'une : ou le fait de refus de paiement n'a rien d'inquiétant, ou il est infamant, ou il est le témoin précurseur que le débiteur veut se cacher ou se taire sur l'emploi de la chose qui motive sa mise en demeure. S'il en est ainsi, on ne saurait trop tôt lui ôter les moyens d'abuser de la confiance, et d'un fait imprévu ou d'un simple abus en faire un abus coupable, criminel même. C'est donc dans le but d'éclairer judiciairement tous les faits, toutes les positions, tous les membres entre eux sur les conséquences de leurs faits, de leurs engagements, de leurs responsabilités, pour qu'ils soient bien convaincus que justice sera faite quand même, et qu'il y a des lois sur cette matière qui fournissent tous les moyens essentiels à découvrir les réalités des positions et gestions. Ainsi donc, peu importent tous les commentaires, tous les *si*, tous les *mais*, toutes les récriminations des rusés moralistes, sinon des intelligences pour le vol, puisque tout se renferme dans cette sublime maxime : « Sois pour les tiens ce que justice veut qu'ils soient à ton égard. » Je dirai donc que les greffes seraient les archives des renseignements où les huissiers de la République et le public pourraient reconnaître si un débiteur est sous le coup d'un exploit de mise en demeure, ou s'il en est libéré. Il suivrait de ce fait que le refus de paiement de mise en demeure pourrait être constaté par l'huissier ; mais il n'agirait qu'après consentement du poursuivant, qui, au préalable, paierait le coût de vérification au greffe. Les renseignements à prendre au greffe, bien que publics, seraient donnés avec rétribution d'un franc pour chaque renseignement à la caisse, et signés sur un registre à cet effet. Lesdits renseignements seraient verbaux de la part du fonctionnaire greffier. Il est évident que cette recette serait abondante et pourrait balancer les frais; car quel est le membre qui, avant d'accorder confiance à un patenté ou autre, ne paierait pas cette somme pour savoir à quoi s'en tenir sur les poursuites qu'il a à faire ou la confiance qu'il a à accorder? Rien de plus simple que cette organisation, aussi bien pour la sécurité de l'État dans la recette à opérer par ses fonctionnaires que dans la rigidité des devoirs de leurs fonctions.

CHAPITRE XXII.

Première classe, deuxième genre, deuxième catégorie. — Des fonctions et fonctionnaires gardes du commerce. — De la prise de corps.

Il n'y a pas de commentaires à faire sur la prise de corps, comme fait infamant pour le caractère d'un républicain. Il est bien plus infâme pour un républicain d'être un assassin, un voleur ou un escroc, ou le dissipateur de la chose d'autrui, et n'avoir d'autre responsabilité que d'abandonner de force les débris de ses insuccès ou de ses désordres. Aussi, sans protection ni freins corporels, pas de société durable. Tout est là. Toute culpabilité ou criminalité doit assumer sur elle les effets comparatifs à leurs faits, toutes choses égales d'ailleurs. Ainsi donc, trêve à ce sujet, et je dis que ce genre de fonctions aurait pour mission, d'après déclaration notifiée à cet effet par la mise en demeure d'urgence, ainsi que le titre de réclamation, et par ce fait une prise de corps à opérer. Ce genre de fonctions serait salarié par l'huissier, qui, au préalable, l'aurait reçu du poursuivant et sur récépissé de la présence du corps en référé. Joint à celui de l'écrou à la prison, le coût de prise de corps serait uniforme pour chaque département et pourrait se transférer. Seulement il serait alloué une indemnité fixée de même en cas de changement du poursuivi ou de non-réussite, qui serait retenue par l'huissier sur le capital qu'il aurait entre ses mains. La mise en demeure énoncerait les frais à seule fin que le débiteur puisse obtenir instantanément sa liberté en liquidant capital et frais. Telles sont donc les élaborations de ces genres de fonctions judiciaires, comme aussi les réformes possibles et les projets à mettre en pratique.

CHAPITRE XXIII. — 1re PARTIE.

Première classe, deuxième genre, troisième catégorie. — Des fonctions de commissaires-priseurs et de leurs fonctionnaires.

Dans ce genre de fonctions sont réunies toutes les preuves matérielles accablantes de ce que peuvent les fonctions vénales des officiers ministériels, sans autres freins législatifs que ceux qui existent. On peut donc, par ce qu'ont pu produire ces fonctionnaires, être bien à même de juger que si les autres genres d'officiers ministériels transigèrent moins envers la constitution sur leurs genres de fonctions, c'est qu'à l'impossible nul n'est tenu ; mais ils n'en firent et n'en font pas moins valoir toutes leurs facultés intelligentes et toutes personnelles, comme les commissaires-priseurs. La seule différence est que ce genre de fonctions offre plus de développements pour les faire valoir envers et contre tous, et par ce fait a produit et produit, rien qu'à l'égard des quatre-vingts fonctionnaires nommés pour Paris, des différences de bénéfices et de moyens d'exploitations intelligentes pour les obtenir, tels qu'ils seraient incroyables, si les faits n'étaient pas matériellement irrécusables. Il suffit donc, entre des milliers de faits possibles à ce genre de fonctions, d'en citer tout d'abord un, qui est que, sur ces quatre-vingts membres, une trentaine seulement exploitent la place de Paris, et font des sinécuristes des cinquante autres que la loi autorise. Tels sont les résultats de la liberté qui leur est accordée pour s'entre-livrer concurrence. Il est donc résulté de cette émulation que même les trente intelligents concurrents qui alimentent la bourse commune se la livrèrent tellement entre eux, qu'ils se redivisèrent encore; et les dissidents, réunis au nombre d'une demi-douzaine, construisirent des hôtels princiers pour leurs ventes, et qu'enfin, sur quatre-vingts, cette demi-douzaine fournit à elle seule plus à la bourse commune que les soixante-quatorze autres. Il reste donc bien avéré que ce genre de fonctions est celui où leurs fonctionnaires ont la possibilité, la liberté de plus développer et faire valoir leur intelligence à leur profit tout personnel, et cela sous l'égide de la loi et justice. Bien que, comme profession industrielle, je sois brocanteur, et que par ce fait, depuis vingt-cinq années, j'aie été à même de connaître les développements possibles à ce genre d'émulation, je resterai dans le vrai, ne traitant que des ensembles; et quels que soient les rapports et faits coupables possibles à produire, trop volumineux à transcrire, je ne les impute qu'à la mauvaise législation de leurs fonctions, à la corruption administrative qui, au lieu d'arrêter ces développements antigouvernementaux, n'a fait d'ensemble qu'une camaraderie pour laquelle la vigilance de la justice répressive n'est qu'illusoire. Aussi en profitent-ils envers et contre tous. Qui pourrait prouver, comme fonctionnaire ou autre étant libre, ne pas tout faire pour que sa place, son étude, sa chose, ses bénéfices ne deviennent pas le plus avantageux qu'il lui sera possible? Tout est là. Quelles preuves plus frappantes, moins irrévocables, si nous prenons pour comparaison leurs points de départ avec leur état actuel, et leurs premiers abus de retransmission et ventes d'études, qui ne leur furent ni données ni vendues pour dix fois moins que ne vendent ou trouvent à vendre quelques-uns de ces fonctionnaires? De plus, si on faisait maintenant l'énumération des ventes réelles et celle de leur composition, on serait effrayé de leur nombre et des résultats ruineux qu'ils font à l'ensemble des fabricants et marchands patentés, comme aussi de la désorganisation et progression effrayante des misères qu'ils engendrent. Ainsi donc, en présence des faits des développements de ces industriels et de leurs résultats, comment ne pas s'en prendre à la puissance qui doit être répressive de tels abus ; qui, après les avoir détrônés quelques jours à l'apparition de la République, les laisse se retrôner d'eux-mêmes comme par le passé, et même reconstruire de nouveaux hôtels? Comment ne pas démontrer tout ce que peut l'homme libre pour faire valoir ses fonctions, quand même elles seraient contraires, antisociales, criminelles même, à l'homogénéité d'ensemble ou à autrui? Aussi la conséquence est qu'un abus d'individu non fonctionnaire rend l'auteur responsable, et la loi sévit avec droit quand ce genre de fonctions et les faits d'ensemble d'abus de ces fonctionnaires ne le sont qu'illusoirement, et, pire que cela encore, usent de tous les avantages du décorum de leur ministère et de la décrépitude des pénalités qui leur sont relatives, pour en imposer à leurs victimes. Comment ne pas comprendre que tous ces abus antigouvernementaux, ces résultats ruineux d'ensemble auraient eu lieu, si l'État avait salarié ce genre de fonctions? Est-il surprenant que ces lèpres commerciales aient grandi de telle façon qu'elles paraissent être invulnérables? Si elles sont contagieuses, il faut s'en prendre à ce corps dangereux, contagieux à l'ensemble. Ce n'est alors qu'un individu à détruire ou à contraindre de se soumettre aux lois organiques essentielles à sa régénération, n'ayant aucun égard aux causes de son état actuel.

Il doit en être en législation comme en science positive ; il ne suffit pas de composer des titres, des fonctions, et que les fonctionnaires ou parties intégrantes de ce composé finissent par s'entre-décomposer, et que ce qui constitue la connaissance du type distinctif primitif n'existe plus ; il faut, pour qu'il soit réel, qu'il ne puisse se décomposer de telle sorte qu'il ne reste plus qu'une idéalité, le titre. Comme résumé maintenant, si on remonte à la formation de ce composé de fonctions et de son titre, ne reste-t-on pas convaincu, vu les résultats, que cette législation n'a composé qu'une chose durable, qui est le titre? Si, en histoire naturelle, en sciences positives, exactes, il en était ainsi, comment pourrait-on reconnaître les types en les expérimentant? Est-ce que des composés organiques ou mécaniques, et toute espèce de moteur, ne doivent pas être en rapports exacts dans leurs composés, pour que leurs fonctions d'ensemble ou quelques-unes des parties ne s'entre-détruisent pas? Autrement les parties vicieuses sont contraires à tout l'ensemble. Il faut donc pouvoir améliorer, remédier ou supprimer, être enfin puissance supérieure, pour que ce soit un principe. Qu'est-ce que cette puissance supérieure? Un moteur. Il est surhumain ou humain : s'il est surhumain, l'homme ne peut en être le régulateur, le modérateur; s'il est le produit de facultés humaines, il peut, il doit l'être. Il n'est donc, en sciences exactes et lois positives, que deux principes, deux puissances comme moteur et modérateur, dont le premier est le principe, la puissance supérieure à toutes les autres, même à l'animation du globe terrestre, qui est le créateur de l'univers, et le deuxième qui est le principe, la puissance intellectuelle humaine envers elle-même. Elle est donc individuellement, quant à elle, son moteur et le modérateur de la régularité de ces fonctions et législations. Qu'est-ce autre chose que sciences exactes ou lois positives dont elle a ou peut prendre conscience? Pauvretés législatives, vous ne comptez pour rien en législation ces sciences, puisque vous reconnaissez des droits antérieurs et supérieurs à celles exactes, positives. Aussi n'êtes-vous que des systématiseurs politiques responsables de vos machiavéliques doctrines. Il faudra bien un jour qu'elles deviennent les études complètes, essentielles à la législation, ou plus de législation et de législateurs. Adieu les membres de la société, quant à leur responsabilité éternelle. Je présume bien que l'analyse des fonctions des facultés organiques de l'espèce humaine ait distrait de ce que le lecteur croit deviner ou voudrait suivre sans être interrompu par tant de citations exactes : à cela je répondrai que, sans cela, ces cours d'études seraient incomplets : ce qui ferait qu'après avoir lu et voulu avoir conscience de sa lecture, il s'apercevrait qu'il n'a rien appris, rien compris, ni rien acquis. Il en serait comme de la lecture de ces monceaux de littérature en religion, en politique, en économie domestique, en pamphlets républicains ou socialistes, en politiquerie. Ainsi donc, courage, patience, les mystérieuses fonctions des facultés de l'esprit humain et celles de la nature ne s'apprennent pas en une lecture de quelques heures, ni sans relire ou revenir plusieurs fois sur le même sujet d'étude; il faut donc ne pas désemparer, quand on tient un sujet, sans avoir pris conscience du but de ses recherches, si on ne veut rester de stupides ou criminels doctrinaires.

Rentrant en matière, je dis : Qu'est-ce que des fonctions? Ce sont des principes, des produits organiques ou non organiques : c'est de la matière ou des organes fonctionnant avec ou sans conscience de ses fonctions. Tous les corps des trois règnes de la nature sont organiques, inertes ou animés de la vie. L'espèce humaine seule possède des organes intellectuels. Tout membre de société dite civilisée a conscience de ses facultés organiques, si toutefois ce n'est pas un idiot. Qu'est-ce que des organes fonctionnant intellectuellement? Ce sont les facultés humaines ayant pu se développer dans leurs fonctions, dans leurs mœurs et organisations sociales, par l'exemple. Une fonction, un produit intellectuel ou matériel n'est donc pas une idéalité, pas plus que les fonctionnaires des êtres idéals que leurs convictions religieuses ou politiques, ou du droit social, soient ou non idéales, tant qu'ils manquent de puissances physiques matérielles pour prouver, et quand même, ils n'en sont pas plus des êtres exceptionnels pour cela. Tout est donc là. Sont-ce les fonctionnaires qui sont les modérateurs de leurs fonctions? Dans ce cas, s'ils fonctionnent contrairement à la nature de leurs lois organiques, s'ils deviennent contraires à autrui, aux intérêts généraux dans leurs intérêts tout personnels, alors il ne faut s'en prendre qu'à eux et par des pénalités physiques, pour qu'ils soient forcés d'être des fonctionnaires passibles, mus par l'intelligence du système d'organisation de leurs fonctions, et non par l'intelligence de leurs organes individuels, tout personnels à leurs individus; ainsi donc, si l'on veut obtenir de tels résultats, il faut supprimer ces fonctions ou les réorganiser. Est-ce le titre seul qui doit survivre? Alors que restera-t-il? Le titre. Qu'est-ce que l'idéalité de cette fonction, puisque les types organiques ont disparu, sont dénaturés? Tels sont les résultats de l'ensemble des systèmes socialisateurs et civilisateurs des législations des sociétés d'Europe et de la France par-dessus toutes, comme la plus civilisée d'après leurs dires, puisqu'en un demi-siècle elle est devenue républicaine, puis impérialiste, puis monarchique représentative, et enfin d'antisociale législation gouvernementale de fonctions et gestions de ses fonctionnaires; redevenue républicaine sans l'avoir prévu, ni avoir formé aucune base nouvelle pour sa réorganisation et conservation sociale, ne voulant pas encore prendre conscience de ses faits révolutionnaires. Est-ce le peuple, la grande majorité des gouvernés, qui sont des révolutionnaires? Erreur; ils ne sont que des politiqueurs; ou ils agissent instinctivement en raison des nécessités qui les excitent, comme les érudits libres, et, quelles que soient leurs explosions, leurs fureurs destructives avant ou pendant la victoire, ne s'apaisent-ils pas, une fois nourris d'espérance. En une législation plus socialisatrice, en des fonctionnaires moins corruptibles, ils n'obtinrent que des titres nouveaux, des impôts toujours progressants, des charges vénales plus voleuses, des fonctions et emplois innombrables, en grande partie inutiles et ruineux, des prélèvements d'impôts, quoique incroyables, ne pouvant balancer les dépenses excessives de ces insatiables gouvernementants. Est-ce là la civilisation, la législation gouvernementale qui doit fonctionner au nom du peuple français? Peuvent-ils toujours espérer nourrir le peuple, les gouvernementés, avec des titres, et pouvoir venir en aide à toutes les misères qu'ils font naître, ou régénérer leurs corps appauvris et leurs facultés intellectuelles tournant à la folie furieuse comme socialistes?

Tels sont les faits, les études, les sujets trop péniblement et matériellement palpables pour les hommes appelés par le suffrage universel à en être les régénérateurs par la législation. Si, en fait de fonctions des commissaires-priseurs, je suis sorti du cercle étroit que leurs fonctions leur assignent, quoiqu'ils aient fait bâtir des hôtels nobiliaires dans lesquels ils peuvent se trôner, développer, exercer leurs industries de par la loi et justice; si j'ai, dis-je, fait l'analyse d'ensemble de quelque puisse être le genre de fonctions, c'est pour démontrer qu'elles se lient toutes ensemble et que les moindres infractions d'insoumissions passives, disciplinaires, par leurs fonctionnaires, peuvent progresser et produire les plus funestes effets quant à l'ensemble des membres de la société, celles des commissaires-priseurs étant une de celles qui ont pris le plus grand accroissement au détriment des classes marchandes et de l'ensemble des membres forcés d'avoir besoin de leur ministère, et cela dans les villes de premier et deuxième ordre; c'est pour cela que je ne saurais trop m'étendre en citations à leur sujet. N'est-il pas irrécusable qu'ils ont usé, abusé de tout, vu le manque d'application de pénalités, ou par leur incapacité ou abus volontaire quant au fond, qui avec le temps ont pris caractère de concessions et droits pour ces fonctionnaires? Ils sont tels que leur ministre ne sait que faire pour paralyser ces développements destructifs. Il me fallait donc bien, avant d'entrer en matière sur ce genre de fonctions, faire l'analyse des fonctions en général non salariées par l'État, ce qui était le seul moyen d'en connaître à fond pour pouvoir arrêter ces méfaits anti-sociaux que je suis obligé de dévoiler aux regards des mal instruits sur ces genres d'industriels.

CHAPITRE XXIV. — 2e PARTIE.

Des fonctions de commissaire-priseur en elles-mêmes. — Analyse comparative entre ces fonctionnaires et leurs fonctions.

Je ne sais ce que veut dire commissaire à cet égard, mais bien ce que signifie priseur ou metteur à prix d'une chose, puisque ce titre renferme tout en lui, et commissaire rien de soutenable comme dépendance de genre de classification et type distinctif de cette fonction, sinon comme sergent de ville. N'est-il pas reconnu que les notaires vendent meubles et immeubles, qu'il en est ainsi en cour civile, et qu'enfin huissier ou le greffier non-seulement saisissent meubles et immeubles, mais aussi les vendent? Sont-ils commissaires pour cela? Ce n'est donc d'ensemble que tripot, confusion et cumul d'emplois et de titres, où l'étude essentielle du priseur de valeur de choses n'est qu'une dérision dans la juridiction de leurs fonctions. Ils ne sont que des priseurs sachant dresser et signer un procès-verbal, sinon contre leurs méfaits. Tel est donc le type distinctif de leur création. Faut-il être un érudit, un légiste, pour faire ressortir les réalités de ces machiavéliques compositions de fonctions et de ce dédale de fonctions et fonctionnaires?

Il faut pourtant en sortir et trouver l'essentialité d'existence sociale de ces priseurs nommés commissaires, pour établir l'homogénéité, l'équilibre dans les rapports entre les nécessités toutes naturelles de leurs fonctions, nécessités qui existeront, du reste, de toute éternité entre les membres d'une société, quelles que soient leur socialisation et leur civilisation.

Ainsi donc, en fait de fonctions sociales et titres, il faut les réformer entièrement, étant inutiles ou contraires aux intérêts généraux matériels ou moraux de vitalité sociale, ou les composer tels que fonctions et fonctionnaires soient basés sur des principes. Je dirai alors, puisque cette fonction est une des plus recommandables sous le rapport moral, il fallait la constituer de telle sorte que ses fonctionnaires ne puissent la déshonorer, puisque par leurs fonctions ils doivent être envers et contre tous les experts défenseurs des intérêts de la veuve, de l'orphelin, de l'infortuné ou de l'ensemble des ayants droit à ces genres de réalisations et liquidations forcées.

Est-ce d'après une telle législation que ces nobles fonctions, que leurs fonctionnaires pouvaient développer les perfectibilités des facultés humaines, étant non salariés par l'État et incapables comme priseurs? Quel est l'homme, libre de ne développer que les facultés avantageuses à son ambition, qui n'en profite pas? Quelle compensation peut-on établir comme résultat en mettant dans la balance de la conscience les faits consciencieux de nobles devoirs, de procédés de ces hommes si rares, de ces vertus stoïques, dont, pour mon compte, je ne connais qu'un à Versailles? Aussi l'appelle-t-on le bourru. Avec tant d'autres actions condamnables, quel est le membre, la capacité littéraire, le légiste consciencieux, qui, d'après les résultats connus de tous à l'égard de cette comparaison, pourra soutenir qu'en législation de fonctions et de gestions d'hommes, on doit compter sur les développements de leurs perfectibilités, les laissant libres de développer celles de leurs intérêts personnels? N'est-on pas plutôt certain des résultats contraires? Il faut donc avoir pour idée fixe de se prémunir contre ces vertueux péroreurs. N'est-on pas certain à l'avance que leurs personnalités, leurs capacités aidant, se donnent toujours gain de cause, s'ils sont juges et parties? Qui ne sait que réussir est tout, que maladroit est ou trop ambitieux ou trop dissipateur, ou voleur qui se fait prendre? Tel est le fond des développements intelligents de la nature humaine, quand elle est libre.

En présence de tels faits, de tels résultats, peut-on avoir confiance dans les bons vouloirs des développements des perfectibilités de ces fonctionnaires, plus qu'envers tout autre? Ne doit-on pas plutôt constituer des pénalités pour frapper les manques à la plus minime infraction de la constitution de leurs fonctions? Est-ce par la discipline morale de surveillance établie à leur égard, établie par eux, qu'ils pouvaient et peuvent l'obtenir? Serait-ce supprimer les développements de perfectibilités d'ensemble ou tout personnels à un de ces fonctionnaires que de leur retirer cette liberté antisociale? Est-ce que leurs ensembles seraient marqués au front comme signe d'hommes ne pouvant être des hommes honnêtes, parce qu'un de leurs membres est ou incapable ou indisciplinable ou un voleur, et quand même la loi ne frapperait que l'individu libre de toute éternité d'être un assassin ou un voleur, ayant pu ou pouvant prendre conscience de son fait, et ne voulant pas séparer ses fonctions intellectuelles de celles toutes matérielles de l'animal? Où seraient donc l'équilibre, la compensation, la responsabilité à établir entre l'animal ne pouvant pas prendre conscience de tous les avantages et jouissances que l'animal devenant un humain lettré peut obtenir sur terre? Sont-ce les animaux qui peuvent établir cet équilibre? Est-ce que tous les vices de l'humanité ne sont pas des principes de développement de faculté et des principes de sa nature organique animale, plus ou moins libre, pouvant s'intelligenter, se développer d'ensemble ou individuellement par les exemples? Alors ils veulent être libres de tout imiter, et par ce fait ces exemples deviennent des nécessités à faire valoir. C'est le principe du vol ou de la destruction envers la résistance au vol, devant exister de toute éternité, puisque ces résultats sont reconnus exacts.

L'essentiel est donc, comme législation, de supprimer à l'homme la liberté dans ses fonctions sociales, qu'il ne puisse agir sans responsabilité égale aux délits, aux crimes qu'il veut, qu'il sera toujours libre de commettre envers la société, ou l'individu, ou la chose, et, en tout état de cause, de pouvoir l'atteindre dans quelque position et fonction que ce soit. Alors la législation aura construit l'équilibre physique entre l'animal devenu homme et l'homme voulant rester à l'état d'animal, bien que toujours responsable de ses faits dans son existence terrestre et éternelle. Telle est la nature humaine. La voir, la vouloir autrement que ses principes étant législateurs, ce n'est être autre qu'un érudit rétrograde, qu'un copiste des juridictions anciennes, ou un perroquet, ou politiqueur beau parleur, incapable de rien être ou produire par lui-même sur l'étude des principes des développements des facultés humaines, ou c'est un corrompu, un infâme ou une vénalité, qu'un instinct de camaraderie, de coterie, fait parler et agir. Pauvretés ou capacités parlementaires et législatives, il en est de vous comme des priseurs; comment pouvez-vous composer des fonctions durables, si vous ne voulez pas prendre la moindre connaissance des principes ni faire la moindre étude de la valeur de la puissance des rouages intellectuels qui doivent les faire fonctionner? Autrement soyez forcés de convenir que tout est pour vous, rien pour le peuple. Telle est la législation qu'ont produite les vôtres.

Ainsi, à l'égard des priseurs vendeurs de la chose mobilière et immobilière, par suite de décès ou vente forcée, à l'un comme à l'autre, la loi ne prescrit que les études essentielles au format et tenue de leurs procès-verbaux de ventes, et cela dans l'intérêt du fisc. Quant aux vendeurs, on leur donne comme garantie de vente à la valeur l'intérêt des dix, quinze, et jusqu'à cent pour cent, que ce fonctionnaire peut se faire en vendant de certains objets. J'ai dit jusqu'à cent pour cent, bien que la loi et justice aient tarifé leurs vacations d'inventaires et frais de ventes avec équité; mais, s'ils manquent d'acheteurs de choses à leur valeur bien reconnue, et quand bien même ils auraient la connaissance de la dépréciation que les acquéreurs ont intérêt de vouloir persuader, malgré la conscience qu'ils ont du contraire, la loi leur dit : Il faut vendre. Il résulte de ce fait qu'étant instruits de la valeur inconnue de l'article, sinon par eux, ils l'achètent ou le font acheter, et disent à la loi qui leur interdit cette concurrence, s'ils sont pris en flagrant délit, que c'est dans l'intérêt des vendeurs, qu'ils ne croyaient pas en devenir les adjudicataires, et tout est résolu. Il résulte de ce fait que ces fonctionnaires, n'ayant pas besoin d'être priseurs pour obtenir cet emploi, ne le devinrent que dans leur propre intérêt, pour acheter et revendre pour leur compte, vu les avantageux résultats qu'ils peuvent en retirer ou par les exemples que leurs confrères ou prédécesseurs en avaient retirés. C'est donc par ce moyen, qui n'est que le moindre de ceux dont ils peuvent profiter, qu'ils purent obtenir jusqu'à cent pour cent de bénéfice, et pourtant la législation dit avoir tout prévu comme équilibre à l'égard des fonctionnaires envers les acheteurs, comme aussi des faits d'abus possibles de ces fonctionnaires envers les vendeurs. Quant à leur code, peu importe qu'ils soient capables de priser la valeur de la chose à estimer, ou à partager entre héritiers ou vendre telle quelle, bien qu'ils aient d'autre part prélevé des frais de vacation pour les avoir prisés sans aucune responsabilité. C'est pour ces faits d'incurie trop transcendants que la loi leur permit de s'adjoindre un expert, sans toutefois lui donner le droit de faire payer ses vacations, ce qui, du reste, quoique amiable, ne leur est pas moins remboursé par le vendeur avec usure. Tous ces faits ont tellement progressé que maintenant gouvernants et gouvernés ne savent plus comment faire pour remédier à de tels envahissements. L'essentiel était donc, avant de formuler des projets de réorganisation, de dévoiler les méfaits possibles dus à la mauvaise organisation existante. Comme je l'ai dit, mon intention n'est pas d'être l'accusateur de ces fonctionnaires ministériels non salariés, mais bien de prémunir contre tous les moyens qu'ils purent et sont libres d'employer, comme aussi contre l'inefficacité de la loi pour frapper leurs délits. Je dis : Bien que douze articles forment l'ensemble de leurs composition et fonctions, comme aussi des tarifs de leurs fonctions et composition de chambre disciplinaire et bourse commune, cela suffit-il, sans aucun autre article de pénalité de prévoyance sur les abus que l'homme libre peut faire, ni examen de savoir-faire comme priseur de choses mobilières ou immobilières, sinon de fournir dix mille francs de cautionnement comme garantie pour la confiance publique ? Les résultats le démontrent. Telles sont les responsabilités de leurs faits. Il résulte de cet état de développement que les constatations de vol telles quelles sont, à quelques citations près, reconnues ou rendues improuvables par leur législation ou par leur chambre disciplinaire.

C'est ainsi, faiseurs de philanthropie, de législations, que de révolution en révolution, d'amélioration en amélioration, l'insurrection, les émeutes, les assassinats et le sang répandu ne sont devenus que des délits politiques, et que la peine de mort est un crime si on en fait l'application débonnaire. Philanthropes, sont-ce les matériaux, le peuple par vous devenu politiqueur, qu'il faut frapper, auquel il faut s'en prendre? N'est-ce pas plutôt aux têtes de coteries, et plus encore à la législation qui les laissse fonctionner, qui en a fait une puissance d'action révolutionnaire? Telles sont les améliorations, les résultats des révolutions imprévues. Est-une excuse en législation de dire : On ne peut prévenir l'inconnu, et par ce fait constituer des pénalités qui le frappent? Mais l'homme, mais les exemples, mais l'intérêt personnel, mais la nécessité de la satisfaction de tous les sens, qui est le mobile de toutes les actions criminelles, cela fut-il, peut-il être inconnu d'un législateur? Peut-il ignorer qu'il n'existe que deux principes ou deux modérateurs envers ces satisfactions, que l'un est physique et l'autre moral, c'est-à-dire que l'un est tout et l'autre rien, comme responsabilité législative, que le modérateur physique doit fournir protection et pénalité essentielle aux rapports entre humains, comme aussi la régularité des fonctions des membres entre eux? Quant au modérateur moral, il n'est et ne peut être que tout individuel, personnel à chacun de ses membres. Ce n'est qu'un fait sans valeur socialisatrice. Il résulte donc de ce fait incontestable qu'il n'est d'aucune valeur législative comme puissance modératrice de résistance envers les développements matériels, individuels ou d'ensemble. Les résultats sont des preuves irrécusables. Ainsi donc, ces fonctionnaires sont-ils des moralités exceptionnelles ou doivent-ils être des parties adhérentes à un principe, organisées de telle sorte que, quels que soient le composé organique et les facultés intellectuelles de ce fonctionnaire, ils ne puissent être, quant à leur fonction, qu'un des rouages de l'ensemble, que l'on peut remplacer ou supprimer s'il est ou inutile ou contraire à la fonction? Il peut se refuser de faire partie de cette fonction, ou, en faisant partie, la quitter; mais, en tout état de cause, une fois qu'il en fait partie, peu importe la cause, et, quand même elle ne serait pas en rapport avec les développements de la demande de ses sens ou de ses facultés intellectuelles, il faut qu'il fonctionne comme le système de sa fonction l'exige, ou qu'il soit frappé d'interdiction. En dehors il est libre, s'il n'appartient à d'autres conditions et responsabilités. Telles doivent être, en fait de fonctions sociales ou ministérielles et vénales et autres, les lois de leur organisation; car de deux choses l'une : si elles ne sont qu'intellectuelles, que morales, étant libres enfin de développer, de faire valoir, progresser leurs facultés, leurs produits doivent être moraux, organisateurs, socialisateurs, et tels ne sont pas les résultats à pouvoir prouver, même par ces perfectibilités.

CHAPITRE XXV. — 3e ET DERNIÈRE PARTIE.

Conclusion.

Je me résumerai enfin en disant : Ou ces fonctionnaires primitifs avaient conscience de leur caractère de dépositaires de la confiance publique, ou ils ne l'avaient pas, ou furent bien dupes alors ceux qui se laissèrent tenter et se pressèrent de vendre si bon marché leurs études qui, du reste, ne leur avaient rien coûté. Ce fut donc là leur premier début d'abus envers l'État, et de plus un vol réel des intérêts généraux au détriment des membres de la société, contraints de s'en servir et par ce fait payer, depuis cette époque, ces plus-values d'études et les bénéfices illégaux, immérités qu'ils en ont retirés, ce qui fit qu'après d'innombrables tripotages et revendications, elles en sont arrivées à se vendre des cent mille francs comme propriétés légitimement gagnées. Quelle peut être l'escobarberie en fait de réhabilitation que peuvent fournir les fonctionnaires supérieurs, auteurs responsables de ces abus de confiance? Quoi de rendu plus ridicule que cet œil de la justice, qui peut et doit voir se mouvoir toutes les gestions, les actes des fonctionnaires et de leurs subordonnés confiés à leurs regards scrutateurs! Sont-ce les gouvernés, leurs victimes, qui ont pu ou peuvent les arrêter dans leurs envahissements insatiables, et malgré les monceaux de pétitions et citations réelles de leurs méfaits qu'ils possèdent? Ainsi donc, trêve, peu importent les moyens qu'ils peuvent employer, ou les législations surannées de ces genres de fonctions, ou les ministres chargés de punir les infractions, non-seulement du but sensé moral de la loi? C'est leur historique en finale. Ces fonctionnaires ignoraient-ils, ce qu'ils disent être le but, la morale de cette législation? Ont-ils rempli l'un et l'autre la mission que justice et morale doit obtenir, et qu'elle réclame encore? Arrière donc toute récrimination frivole! mieux vaut d'en finir envers toutes les fonctions vénales, en en faisant des fonctionnaires salariés par l'État, et surtout des priseurs et des huissiers ne pouvant revenir sur ce qui a eu lieu; il ne faut employer que les moyens réels : ces moyens efficaces, seraient que l'État devînt le seul débiteur responsable à l'égard de ces fonctionnaires pour le montant de l'acquisition de leurs études, montant qui serait fixé d'après une moyenne, soit pour chaque genre de fonctions, soit à l'égard du teneur ayant fini de la payer, ou à l'égard du vendeur en raison de la somme restant due; il faudrait, dis-je, apporter la plus scrupuleuse attention et vérification, en ce que, si la moindre transaction déloyale était reconnue, teneur et vendeur seraient déchus des bénéfices de la loi : sinon, le cautionnement, qui serait rendu en espèces. L'État deviendrait donc débiteur par ce fait sur son grand-livre de l'intérêt à desservir soit au vendeur ou teneur ayant liquidé, sans être en aucune façon contraint à remboursement d'espèces de ce capital. Ces teneurs et vendeurs donneraient par ce fait quittance à l'État et n'auraient plus aucun droit. Il suit de cette conséquence que les teneurs, quelles que fussent les sommes qu'ils auraient versées à valoir, et même avoir entièrement payées, se trouveraient en présence de la loi organique nouvelle. Quant à leur cautionnement, il leur serait remboursé en espèces, s'ils étaient supprimés ou s'ils se refusaient à rester comme fonctionnaires de leur nouvelle nomination. Leur révocation serait le fait de lois organiques à l'égard des fonctions vénales et ministérielles, aussitôt la loi promulguée. Ainsi donc, en définitive, il serait établi un cours pratique démonstratif, essentiel à l'instruction des genres de priseurs, où seraient tenus d'assister les titulaires, comme aussi les aspirants à le devenir, vu qu'ils ne pourraient obtenir ces emplois à l'avenir sans avoir passé aux examens, vu que ces fonctions ne peuvent être suspendues quant au fond comme priseurs-vendeurs; alors il serait énoncé que, pendant les trois premières années de leurs fonctions à l'égard des ventes judiciaires seulement, ils se feraient assister par un expert lors du procès-verbal d'expertise, si nécessité existait. Ils seraient payés par vacations tarifées par la loi selon le genre d'expertise; ces expertises seraient déclarées frais de vente.

Il est inutile d'entrer dans de grandes descriptions à l'égard des ventes volontaires, vu la simplicité de leur exécution, mais bien quant aux articles de rigueur, qui seraient de ne pouvoir faire aucune vente sans qu'elle fût autorisée par une juridiction supérieure et sur la demande du fonctionnaire qui en serait chargé. D'autre part, ils seraient révocables après qu'il aurait été constaté qu'ils ont acheté quoi que ce puisse être dans les ventes qu'ils font, reçu quelque commission à cet effet, ou qu'ils se sont mêlés à quelque association ou tripotage pour en composer. Il en serait de même à l'égard de leurs subordonnés, fonctionnaires à quelque degré que ce puisse être. Quels que fussent ces genres de ventes, elles ne pourraient s'effectuer sans procès-verbaux d'expertises, au préalable tarifées, quel que fût leur montant. Sur ce procès-verbal, toute vente serait faite au comptant. Un mode de liquidation à l'égard des vendeurs, de la part de l'État, serait établi. En finale, quelles que soient l'expertise sur le procès-verbal et la différence sur le prix vendu, les vendeurs n'auraient aucun droit de récrimination, étant par eux-mêmes éclairés et intéressés, comme vendeurs, à maintenir les enchères. Pour aucun motif, un article ne pourrait être retiré faute d'enchère, soit par mise à prix trop élevée ou ne méritant pas enchère : dans ce cas, il en serait adjoint d'autres pour en obtenir une. L'enchère fictive serait condamnable. A cet effet, une loi organique statuerait à cet égard, et préviendrait les abus, vu que les ventes en général ne doivent être considérées que comme une condition forcée et non un but de spéculation de la part des vendeurs: ce qui est maintenant.

Tels sont, en résumé, les moyens de séparer les fonctions antisociales des commissaires-priseurs, vu qu'elles ne sont autres que des retransmissions d'hérédité de charges et sinécures gouvernementales onéreuses à l'ensemble des membres de la société, d'autant plus encore que, d'autre part, l'hérédité en fonctions gouvernementales comme en titres est abolie, article 10 de la Constitution.

CHAPITRE XXVI.

Première classe, troisième genre, deuxième catégorie, premier genre de fonctions. — Des notaires.

Si l'on compare le degré d'importance de la confiance accordée aux notaires avec le genre de leur responsabilité illusoire envers le public, on ne peut qu'accuser un gouvernement qui non-seulement en a fait des officiers ministériels qui peuvent la voler, étant libres de faire banqueroute comme des marchands et appeler cela liquidation, qui leur a permis de vendre des études plusieurs centaines de mille francs, qu'il ne leur a pas vendues, et qui, malgré cela, ne les a pas rendus mutuellement solidaires responsables par corporation des déconfitures des leurs et de l'avoir de la confiance publique que semble devoir inspirer leur genre de fonctions. Admettons qu'on ne puisse pas les salarier, soit; mais du moment qu'il faut en faire des officiers ministériels, qu'ils soient solidaires entre eux par département pour ne plus pouvoir être des voleurs de la confiance publique ni de l'État. Mais, pour que ce soit praticable, il faudrait tout d'abord leur fournir protection physique dans les statuts de corporation, de vérification, d'inspection, constitués par eux pour leur sécurité respective, pour qu'ils puissent déposséder à temps le délinquant ou l'incapable de solvabilité de ses engagements; il faudrait que le gouvernement conserve en tout état de cause son droit physique de nomination ou révocation à leur égard, ayant statué, pour se libérer envers eux, comme avec les commissaires-priseurs et autres fonctions vénales. Par ce fait, elles ne seraient plus transmissibles et vendues par suite de décès ou de démission par ces fonctionnaires, mais bien par l'État. Un nombre d'années fixerait la durée de ce genre de fonctions, vu qu'en cas de décès, une moyenne serait établie pour que l'État rembourse aux héritiers ou ayants droit ce que l'État redevrait d'années sur le prix d'acquisition de cette étude. L'État ne serait donc responsable de ces offices qu'à ces conditions remplies; une loi équitable réglerait le mode de vente. Telles sont les premières bases toutes physiques, toutes praticables, pour rendre ce corps responsable de ses fonctions et fonctionnaires. Je ne prétends pas dire qu'il ne pourrait plus se trouver des voleurs ni des concussionnaires, mais ils ne pourraient plus l'être à l'égard de la confiance publique, ni de l'État, mais bien envers les leurs, puisqu'ils seraient solidaires. Il finirait par ne plus y avoir que des faits de cours d'assises comme banqueroute. Ainsi donc, que le gouvernement forme des corporations responsables, ne pouvant en faire des fonctionnaires salariés : c'est de la législation morale, c'est du réel socialisme; mais n'en faire que des coteries gouvernementales comme soutiens, comme puissances devant se lier et ne former d'ensemble qu'un gouvernement de partageux, et non d'une société voulant se civiliser, se socialiser, d'un gouvernement, dis-je, forcé de ne devenir que des corrompus, et ne former comme ensemble social que confusions, que voleurs ou volés, voulant tous s'entre-imiter et légitimer leurs vols, n'ayant d'autres mobiles d'actions que la force physique pour conserver leurs possessions ou emplois tels quels et leurs intelligences en concurrence en brocante où la réussite est tout, et la moralité des phrases ou les effets destructifs de société ne sont palpables que dans les révolutions qu'elles font naître, tels sont les résultats des coteries non responsables. Tout cela est du connu, et les faits sont des résultats irrécusables.

CHAPITRE XXVII.

Première classe, troisième genre, et troisième catégorie. Des agents de change et courtiers du commerce.

A ce troisième genre de fonctions se terminent enfin pour moi les fonctions d'officiers ministériels et autres que j'ai à instruire, comme dépositaires de la confiance publique ou fonctionnaires et offices vénaux. Je dirai alors à leur égard, bien qu'ils soient revêtus du même caractère, bien qu'ils aient cautionnement et chambre disciplinaire, ils ne sont pas plus solidaires, responsables envers la confiance publique que les autres genres d'officiers ministériels. Les résultats démontrent l'état de dilapidation, de confusion, de tripotage et de brocantage où en sont venus d'ensemble ces partageux, ces exploiteurs de fonctions. Bien que ces fonctions ministérielles soient celles restées le plus dans les attributions de leurs fonctions comme agents de change, et qu'à l'impossible nul n'est tenu, il n'en est pas de même comme courtiers de commerce, vu la concurrence laborieuse qu'ils ont à soutenir contre les courtiers marrons, que les commerçants entretiennent envers et contre tous. Le courtier ministériel est donc le seul responsable envers la loi, quand le courtier marron ne l'est que comme le voleur pris sur le fait. Ainsi, d'une part, la loi nomme des agents de change et courtiers des facteurs et privilégiés pour être les intermédiaires entre l'acheteur et le vendeur, et, d'autre part, n'établit pas entre ces différents afférents les pénalités, la protection, le juste équilibre de responsabilité mutuelle, puisque vendeurs et acheteurs peuvent non-seulement faire les courtiers, mais en faire de leurs commis, voire même de leurs garçons de magasin, sans compter les courtiers marrons de tous genres qu'autorise d'autre part la liberté du commerce et de l'émulation par la concurrence. Il suit de ce fait que l'agent de change est le seul officier sans autre concurrence illégale que le tripot des boursiers des coulisses, quand, au contraire, les autres sont obligés de lutter, non comme baisse de prix d'honoraires, mais bien avec leurs clients, qui peuvent être leurs concurrents. Ainsi donc, bien que moralement fournis de preuves qu'ils ont été devancés par un courtier marron ou autre, auquel un commerçant vient d'acheter ou donner commission de vendre, ils restent cois envers ce commerçant, comme la loi qui demande à son courtier le coupable de ce délit, pour pouvoir le punir, sans lui fournir les moyens essentiels pour l'obtenir, ni la répression du commerçant qui en est l'auteur. Pourtant, sans recéleurs très-peu de voleurs; sans commerçants, brocanteurs, courtiers et acheteurs de toutes mains, il en serait ainsi du nombre effrayant de ces derniers. Est-ce là de l'organisation, de la prévoyance, de la législation ? Pourquoi alors ne pas rendre ces fonctions régulières? Pourquoi ne pas soumettre ces brocanteurs négociants aux mêmes responsabilités que les courtiers marrons, et de plus en augmenter les pénalités, ou augmenter le nombre des courtiers en les spécialisant, catégorisant? Si les corporations et syndicats existaient, est-ce que ces brocanteurs à titre de négociants pourraient tout envahir? Est-ce que la confiance, le public acheteur, les commerçants eux-mêmes y perdraient? Est-ce que tous ces tripotages destructifs de tous les intérêts généraux existeraient? Quels en seront les résultats? Qu'est-ce que produit la liberté illimitée en commerce, en industrie, sinon l'avenir du néant de la société à un temps donné très-reconnaissable maintenant? Comment sortir de ce bourbier, comme à l'égard des fonctionnaires non salariés par l'État ou ne pouvant l'être, et qui méritent protection? Ainsi donc impossibilité de rien faire sans, au préalable, s'en prendre à la liberté illimitée du négociant, du commerçant, de l'industriel. Ces résultats prouvent donc l'inefficacité de la législation quant à l'ensemble des rapports forcés existant entre les membres de la société de toute éternité : cet état est tel que leurs ministres, comme conséquence forcée, manquent de puissance eux-mêmes pour pouvoir réprimer de tels abus. Comme je l'ai dit, le tout provient du point de départ et base réelle; le tout gît donc à faire des fonctionnaires salariés par l'État autant que possible, et, d'autre part, de corporiser, rendre solidaires envers l'État et le public ceux que la nature de leurs fonctions, de leurs associations, empêcha de l'être, et d'ensemble leur interdire la faculté de vendre leurs études, d'en faire un office vénal, une propriété individuelle ne devant être qu'une fonction ou emploi dont l'État a droit de rester propriétaire, et non de les donner. Alors il n'aurait pas à rembourser des offices qu'il n'a pas vendus à des sommes phénoménales, maintenant qu'il se trouve dans la nécessité de réviser les constitutions de leurs genres de fonctions. Est-ce pour avoir dix pour cent d'enregistrement sur les ventes et reventes de ces offices que l'État perçoit? Mais il est connu que bonne partie du prix de vente est éludée par la somme donnée de la main à la main, et quels ne sont pas les moyens pour qu'en résultat le fisc soit exploité comme l'est le public obligé de s'en servir? Quelle peut donc être la nécessité d'un gouvernement de tant protéger, gratifier ces individus, leurs intérêts particuliers, aux dépens des intérêts nationaux et généraux? Est-ce dans ces agglomérations concurrentes, rivales, sans aucune homogénéité d'ensemble dans chacune d'elles, que s'est formée la puissance d'ensemble gouvernementale? Les gouvernants sont-ils devenus plus moraux, plus respectables? Est-ce là le but moral de l'article 19 de la Constitution, qui dit que la séparation des pouvoirs est la première condition d'un gouvernement libre? Exécrables Escobars, n'est-ce pas plutôt l'union des pouvoirs, quand leurs fonctions sont physiquement passives, quand leurs fonctionnaires sont mutuellement, physiquement responsables, qui fait la force d'un gouvernement républicain? Sont-ce là des lois pour gouverner des républicains? Sont-ce là les réunions de perfectibilité gouvernementale que vous avez fait progresser? Est-ce là ce qui donne le droit de s'appeler une société civilisée, ou plutôt ce qui forme ces socialistes tournant à la folie féroce, prêts à s'entre-détruire, ainsi que vous, de fond en comble, comme les apôtres et sectaires en religion et du droit divin le firent et le font encore?

Tels sont les résultats de la liberté illimitée accordée aux fonctionnaires gouvernementaux et de celle accordée successivement à l'industrie et au commerce en général, sans autre frein que leurs consciences pour les uns ou les pénalités inefficaces et leurs patentes pour les autres. Telle est l'impuissance de pouvoir les organiser sans réviser avec droit légal la Constitution. Ainsi donc, pour tous les fonctionnaires ministériels comme pour les autres membres de la société, liberté illimitée, cumul de places, brocantes dans tous les emplois; responsabilité, protection illusoire; concurrence sans frein; émulation toute destructive et sans compensation avantageuse pour l'ensemble des membres, mais bien illégalement pour quelques individus; développement forcé de l'intelligence au vol de la chose d'autrui; nécessité forcée de faire valoir sa position, sa fonction envers et contre tous : est-il un membre de la société assez privé de faculté, de jugement, pour ne pas comprendre ces réalités, ou assez honteusement dominé par son intérêt personnel pour les renier? Alors on peut lui prouver que c'est un voleur, quelles que soient son érudition et la partie qu'il sait en retirer pour le rendre légitime; peut-il ignorer qu'il fait nécessité envers et contre tous, ce qu'il convoite, quand même la résistance, comme l'animal, ou qu'il est le voleur ou le volé.

Tels sont les genres de rapports possibles entre membres d'une société dont les bases et points de départ ne sont pas des principes; alors, quel qu'en soit le gouvernement, c'est une décrépitude successive de puissance physique et morale, et plus encore de celle législative; et la preuve n'est-elle pas arrivée à ne plus qualifier les plus grands crimes sociaux étant en république, qui est l'assassinat révolutionnaire, que comme des délits politiques? Ainsi donc, conviction en religion, conscience morale, conviction en politique, en monarchie, en républicanisme, en socialisme, phrases de l'avocasserie, d'érudits populaires, toutes destructives de leurs sectaires! Tel est l'état de civilisation, d'appauvrissement de corps, de raisonnement et du sang de la plus grande partie des habitants des villes industrielles et commerçantes. Quel contraste entre les mœurs, les nécessités, les jouissances réelles de l'agriculteur, comparées à celles surexcitantes, insatiables, passionnées, fiévreuses, forcément désordonnées des habitants des grandes villes, effets des nécessités sans freins, devenues des nécessités insatiables qui décomposent leur sang et leurs facultés socialisatrices, et n'en font que des rabougris, des pauvres politiqueurs, des révolutionnaires lettrés ou non, pauvretés républicaines qui ne veulent obtenir leur socialisation que comme des révolutionnaires, et non comme des socialistes! Aussi en sont-ils arrivés au paroxysme de contractions nerveuses à traits livides et figures bouleversées, passions monstrueuses en délire, réalités animées par les facultés des organes matériels, représentant les furies, le délire des passions, quand ce ne devrait être que le poëte des fictions poétiques de la littérature, mais, hélas! qui sont devenues des réalités trop transparentes dans chaque révolution ou émeute que j'ai vue, pour ne pas en dépeindre l'horreur dont je fus frappé; car je peux dire avoir entendu de mes oreilles et de mes yeux vu ces bandes sans ordre dans leurs courses furibondes, toutes haletantes, ne s'arrêtant qu'en présence du butin ou de l'incendie et carnage qu'ils avaient à consommer, et cela pendant que les instigateurs de leurs faits s'emparaient des places gouvernementales et se les entre-partageaient, comme aussi du droit de les diriger à leur guise. Force alors à ces insensés de suspendre leurs fonctions destructives, mais de conserver la liberté de la parole dans leurs clubs. Que firent-ils l'un et l'autre? Qui l'ignore quant à leurs clubs, dont ils pouvaient tirer un si grand avantage pour l'instruction populaire? Voilà ce que j'ai vu et entendu : des misérables vomir leur sang avec leurs exécrables récriminations toutes personnelles à l'égard des leurs que ces révolutions avaient placés au faîte de leurs convoitises; j'ai entendu, dis-je, ces pauvretés ne rien demander sans dire : Je veux que telle ou telle chose soit, au lieu de dire : Citoyens, soyons convaincus que les réalités socialisatrices seules seront prochainement les plus fortes. Pauvre humanité, pauvres politiqueurs, qui êtes arrivés à ne plus vous regarder que comme des bêtes à yeux hagards ou féroces, toujours disposées à s'entre-dévorer! est-il un état plus sauvage dans une agglomération d'humains?

La réalité d'actualité est qu'ils ne sont que des individualités plus ou moins libres d'agir et de s'appeler aristos ou socialistes, comme solution de problème social. Misères humaines, législatives, politiques, économistes, philanthropiques, aristocratiques et socialistes, que deviendrez-vous, si vous n'avez à adapter à votre liberté en fonction matérielle que vos théories littéraires, parlementaires, que vos exemples ou ceux de leur mise en pratique par vos prédécesseurs et par vous-mêmes? Il ne vous restera plus que l'insurrection en permanence comme nécessité essentielle à votre destruction entière, et vous en aurez bien mérité les responsabilités terrestres et éternelles. Tels sont les conséquences de la liberté illimitée en fonctions sociales matérielles et les résultats de ces trois prestiges artificieux : liberté, égalité, fraternité, que vous proclamez pouvoir obtenir par la puissance morale sur la puissance matérielle des nécessités de la satisfaction des sens. Qu'est-ce outre que jésuitisme des érudits des temps anciens et contemporains! Qu'est-ce autre, en définitive, pour tout penseur, que des prestiges ou roueries de partageux, de brocanteurs, de voleurs en voie de réussite ou d'insuccès, jusqu'à ce que révolution ou mort prématurée s'ensuive? Cela peut-il durer longtemps encore? A vous, législateurs appelés à régénérer cette agonisante constitution : pouvez-vous le croire?

CHAPITRE XXVIII.

Résumé de la première classe, de ses genres, de ses catégories et genres de fonctions.

Ayant, tels quels, entassé, aggloméré, réuni les matériaux essentiels à la constitution du mécanisme gouvernemental de la première classe, ayant analysé et fait le résumé de chacune de ces parties, j'espère que la connaissance de leurs valeurs réelles, matérielles, intellectuelles et intelligentes comme gouvernants et gouvernés, sera acquise; mais je crois, au préalable, devoir, pour que l'étude en soit complète, avant de terminer, réunir, grouper, remonter ces parties : pour cela je suis obligé de suivre les démonstrations qui précèdent, et je dirai ceci : Ayant divisé l'ensemble des membres en trois classes, chacune d'elles est par ce fait un genre d'industrie dont la première, sous le rapport d'existence sociale, est celle gouvernementale : c'est bien alors de cette première classe et première industrie et puissance exécutrice de par la constitution, dont il m'a fallu primitivement rassembler les parties confuses, divisées d'après leur système et constitution agonisante, pour voir comment elles peuvent maintenant s'harmoniser entre eux. Je vais recommencer par l'axe autour duquel vont se mouvoir toutes les parties qui en dépendent, et je dis tout d'abord : Cet axe constituant n'est pas une idée d'axe, mais bien la centralisation matérielle ou intellectuelle des nécessités autour desquelles sont forcés de s'agglomérer ou se grouper de genre en genre de fonctions les membres composant la première, la deuxième et la troisième classe de la société : l'une et l'autre sont donc bien le fait d'un principe vital de composition matérielle ou intellectuelle d'agglomération d'humains. Représentons-nous-les d'ensemble comme par trois astres, dont la première classe est la planète, et la deuxième et la troisième classe ses deux satellites. Ni l'un ni l'autre ne sont idéals, puisque ce sont des principes. Ainsi donc, pas d'agglomération d'humains, pas de société possible sans être divisée en trois classes ou principes ou conditions d'existence, même à l'état d'agglomération primitive. Dans l'un et l'autre cas, que devient le principe de liberté? Est-il matériel? est-il intellectuel? est-il humain ou animal?

Maintenant, qu'est-ce que l'axe matériel, et qu'est-ce que l'axe intellectuel? L'axe matériel est celui des nécessités des humains, est celui des membres placé sous la dépendance de la volonté ou d'un de ses membres en puissance souveraine ou de son entourage. L'axe intellectuel est l'organisation des nécessités humaines pour se civiliser; c'est la législation qui produit le même effet : si nul membre n'est plus puissant qu'elle, et s'il peut contraindre de s'y soumettre un membre quelconque, d'en observer les articles constitutifs ni pouvoir en changer ou modifier les articles sans être frappé de mort, alors ces fonctions sont immuables, sont immortelles l'une et l'autre sur le globe terrestre. Dans ce cas, l'immuabilité de cette législation n'appartient ni à un de ses fonctionnaires, ni à une coterie de ses membres, mais bien à l'axe intellectuel du fondateur de cette constitution, quelle que soit l'époque de sa constitution. Il en serait de même en Europe, si c'eût été le fait du suffrage universel établi en principe, et non le privilége d'une fraction illégale, qui s'est arrogé ce droit, qui jusqu'alors en a fait son privilége; autrement ce droit serait celui toujours progressant de l'émanation de la majorité de l'universalité de ses membres comme assemblée législative, ce qui formerait son droit légitime d'être constituante d'axes sociaux. Comme je l'ai dit, pas de société sans que l'un ou l'autre de ces moteurs matériels ou intellectuels existe et domine sur l'autre. Il suit de ce fait que, quel que soit l'inepte, l'Escobar ou l'audacieux envahisseur qui dominera, il ne pourra détruire les réalités de ces faits et résumés d'analyses, bien que les masses ignorent que ces effets sont devenus des trombes élémentaires. Les sociétés d'Europe sont donc, quant à présent, sous la dépendance de leurs effets, et ces effets sont, quant à la nation française, devenus plus forts que ces infâmes fractions. Quoiqu'elles ne le croient qu'en présence de la révolution, est-ce une raison à pouvoir alléguer, parce que la société française en possède l'axe intellectuel, et la possibilité depuis tant de siècles, et qu'elle a manqué jusqu'alors d'homme-roi et socialisateur pour que ce ne soit pas l'axe pouvant le dominer? Qu'est-ce autre de possible maintenant, sinon sa destruction entière? Il y a donc nécessité d'union socialisatrice pour vaincre ces corrompus, ou les régénérer. Pauvretés législatives, peuple politiqueur, c'est un principe pour les sociétés, il frappe de mort les individus comme les sociétés rebelles, sans pour cela cesser de progresser, de continuer son œuvre d'organisation sociale parmi d'autres sociétés. Est-ce une doctrine admissible, parce que c'est l'axe matériel destructeur qui jusqu'alors a dominé la nation française, s'appelant monarchie absolue, ou empire, ou monarchie représentative constitutionnelle, et en fin de révolution président de République, pour que l'axe intellectuel républicain ne finisse pas par l'emporter? Pauvres idolâtres de tous ces axes souverains, les ayant détruits par vos révolutions et insurrections, sinon celui de président de république, dont majeure partie des vôtres n'en veulent pas, parce qu'il représente la république, que demandez-vous, que pouvez-vous espérer encore? N'est-il pas irrécusable qu'il n'est autre que la preuve de vitalité de la société, qu'il ne peut plus être que la centralisation d'un suffrage universel se portant sur n'importe quel membre de la société? Cette centralisation s'appelle donc, si le vote le décide, un président de république, un roi même, s'il le décide : bien que ce soit toujours un homme, ce n'est plus un fait matériel de fraction illégale, puisque ce n'est pas par lui-même, ou comme droit d'hérédité, ou par les roueries de sa coterie qu'il peut l'être, mais bien comme émanation divine de majorité de suffrage universel réel et forcé de le devenir. Ce fait est donc irrévocablement positif; cet homme n'est donc plus qu'un fait intellectuel, moral, puisqu'il est sans responsabilité physique de l'organisation sociale et de sa vitalité; il appartient, comme peu importe le membre de la société, à la constitution, qui seule en est responsable et peut le révoquer d'après l'article de cette constitution : il ne peut donc par lui-même être responsable de la majorité. C'est donc, quant au fond, la constitution qui est la puissance supérieure et l'axe d'attraction intellectuelle et physique du droit social, et le membre qu'elle nomme son roi ou président qui est son inférieur : qu'est-ce donc autre alors que l'axe intellectuel? En somme, le voir, le vouloir autrement, n'est être qu'un rétrograde, un insatiable ou une bestialité, ou une corruptible fraction en puissance souveraine. En définitive, tout est là, et ce fonctionnaire en est bien, quoi qu'ils puissent faire, l'axe moral social, auquel viennent se joindre de degré en degré de valeur morale et de puissance physique toutes les parties devant concourir à son animation d'ensemble. Tel est et doit être son entourage et puissance d'ensemble. C'est pour cela que j'ai divisé cet ensemble en trois pouvoirs, dont le premier est constituant, qui ne peut être légal qu'étant l'émanation du suffrage universel; le deuxième, celui secondaire, est l'assemblée législative ou puissance conservatrice responsable de la constitution, la seule délibérante, sinon sur les articles et lois secondaires organiques de la constituante pendant la période de sa durée : alors elle prévoit aux nécessités d'urgence, aux lois organiques; le troisième est l'administration exécutive, ne devant être que passive, c'est-à-dire le mécanisme composé par la constituante devant contraindre gouvernants et gouvernés à agir selon la nature organique telle quelle de leurs fonctions particulières, et par ce fait ne pas être le moteur et le modérateur de leurs fonctions. Ce ne peut donc être que l'assemblée législative qui soit la seule puissance délibérante et responsable de cet ensemble de pouvoirs. Ainsi donc, en résumé, la constitution une fois acceptée est une et indivisible, même par ses constituants, sinon aux époques énoncées dans ses articles. Alors à cette époque, imprescriptible dans quelque constitution que ce soit, elle doit en réviser les mécanismes vicieux ou viciants et rétablir la régularité, ou les supprimer, n'étant reconnus que contraires. Force alors à l'équilibre de se rétablir tout naturellement. Est-ce que les représentants ayant abdiqué pour un temps déterminé leurs droits de constituants, redevenant des électeurs ou des réélus par le suffrage universel, ne sont pas ce que j'appelle le balancier du mécanisme social? Quoi de plus simple pourtant que la composition, que l'animation, que l'équilibre de ce mécanisme? Qu'est-ce autre que nécessité, vitalité de société ou de destruction forcée? N'est-ce pas une science exacte et positive, une nécessité forcée, surhumaine même, comme fonctions sur le globe terrestre? Est-ce donc l'introuvable, le mouvement perpétuel pour tous ces faiseurs ou rêveurs en mécanisme social comme pour ces astrologues et astronomes ou pour ces alchimistes chercheurs de la pierre philosophale socialiste? Aucunement : l'un et l'autre ne sont mus que par leurs nécessités toutes personnelles; aussi, comme législateurs, sont-ils ce qu'il y a de plus ignoble, de plus criminel s'ils sont contraires, vu la confiance que leur science doit inspirer, puisqu'ils possèdent la connaissance des sciences exactes et le prouvent en développant toutes leurs facultés intellectuelles par l'analyse de toutes les merveilleuses facultés des corps de la matière inerte ou animée. S'ils se refusent d'opérer de même à leur égard, cela leur ôte-t-il leur savoir ? Ils ne pérorent ou n'écrivent ou n'agissent donc que pour eux tout d'abord ou pour des coteries qui peuvent les aider. Je suis loin d'être aussi instruit en ce genre, mais je suis plus exact, plus positif que ces savants sur leur valeur toute personnelle et sur celle des facultés de l'espèce humaine. S'il n'en était pas ainsi de leur part et des subterfuges de leurs écrits ou de leur langage, ces ignobles excentricités envahissantes ou possesseurs de positions gouvernementales auraient perdu leurs derniers vestiges de liberté et de prestige populaire.

Ainsi donc, quant à la recherche du composé organique humain, quant à ses facultés individuelles comme à celles ne devant faire qu'un seul corps organique d'ensemble appelé corps social, cela n'est pas du tout de la rêverie, de l'idéalité; ce sont tout simplement des principes immuables. Puis-je me rendre responsable de leur application à l'égard de l'individu, de la chose ou du droit social ? Ce sont deux facultés dont l'une est toute particulière à chaque individu, et l'autre est celle élémentaire, c'est-à-dire qu'agissant matériellement, physiquement d'ensemble, maintenant c'est la destruction sur un plus grand nombre d'individus, ce qui finira par détruire la société entièrement. Peuvent-ils disconvenir que ce ne serait pas l'effet tout opposé, si cet élément n'agissait qu'intellectuellement au lieu de révolutionnairement, vu que les droits positifs de la conservation de première essentialité d'existence l'emportent toujours sur les développements élémentaires destructifs tout individuels et particuliers pour telle ou telle société ? A mes concitoyens d'être les premiers à se détruire d'ensemble élémentairement et prématurément, sans prendre conscience de ces effets; qu'ils restent des faiseurs de systèmes sociaux à bases idéales, uniquement constitués pour quelques jours. Maintenant, à ces chercheurs d'or de tâcher de toujours trouver de sottes dupes, un peuple mal instruit par eux. Je n'y puis rien, cela les regarde;

mais je peux leur prouver, comme un et un font deux, que l'un et l'autre ont conscience de leurs fonctions désorganisatrices, que c'est leur liberté illimitée qui les a rendus élémentaires, qu'ils sont les seuls responsables, et d'autant plus coupables qu'ils ne peuvent en ignorer, étant lettrés. Par ce fait comme humains, ils auront bien mérité d'en supporter les responsabilités dans leur existence terrestre comme dans celle de leur éternité, puisqu'ils possèdent quand même le titre d'humains. Cela est très-logique pour eux, mais ce qui ne l'est pas de leur part, c'est de s'appeler effrontément les membres d'une société civilisée, et cela quand leur axe intellectuel n'est mû que par un entourage qui ne suit que l'impulsion de leurs sens matériels intelligentés entre eux, et non humanisés par les facultés qu'ils possèdent, sachant bien qu'ils ne peuvent croître et s'équilibrer que d'ensemble, que d'elles-mêmes, pour rendre les fonctions de leur mécanisme organique social indestructibles, tel que le Créateur dota leurs facultés d'être des humains en société civilisée. Peuvent-ils alléguer que les exemples de sociétés civilisées n'existent pas, du moment qu'il en existe une, la nation chinoise, qui fonctionne depuis des milliers de siècles sous la puissance du même axe intellectuel? Cela doit prouver que cet axe est praticable et pouvait s'améliorer progressivement par le suffrage universel en principe dans toutes les autres sociétés, qui, au lieu de cela, n'ont fait et ne font encore que s'entr'égorger et se voler, étant censées chercher leur équilibre gouvernemental par leur impraticable ou machiavélique économie politique à juste titre, sans s'occuper de la puissance des développements élémentaires des facultés de leurs gouvernés, du peuple enfin, comme aussi de leur industrie et des nécessités qu'elle fait croître. Aussi, est-ce, quant aux sociétés d'Europe, la nation française qui est la plus avancée, et de ce fait la plus fournie de ces équilibristes, puisqu'ils sont tous devenus souverains en ce genre. Alors, étant libres, la condition est qu'ils veulent tous être gouvernants et prendre le balancier social pour arriver au faîte de l'ascension gouvernementale. Mais cette ascension devient de plus en plus traîtresse et périlleuse, vu que les vaincus connaissent les roueries des leurs, et s'en prennent aux mêmes moyens d'ascension, et les renversent, soit au commencement de leur départ, soit même au but. Tout est là dans les moyens d'action de l'homme des siècles écoulés et d'actualité. Tels sont les produits de ces sauveurs ou conservateurs de la patrie, comme aussi de ces littérateurs en science socialisatrice. Ils peuvent encore démentir ces assertions : je n'y peux rien, mais ils ne peuvent détruire les réalités agissant élémentairement. Alors peu importent tous ces désordres de personnalités, de facultés particulières à telle ou telle société ou à tel ou tel individu.

Pour moi, dans les recherches qu'il m'a fallu faire, je ne me suis préoccupé que de l'avenir, que des fonctions d'ensemble, que de connaître leurs possibilités, essentialités d'organisation et régénération individuelles ou réunies en un corps social, que des lois positives, que des réalités, que du fond. Je n'ai donc trouvé, quelles que fussent mes recherches, qu'un corps, qu'un individu, organisé et animé de la vie matérielle et intellectuelle, ou un ensemble d'humains s'alimentant entre eux, fonctionnant individuellement ou d'ensemble, sous la dépendance commune au règne animal et de leurs nécessités, ou sous celle de leurs développements forcés de facultés matérielles et intellectuelles, qui, étant libres d'ensemble, forment un corps sans modérateur régulier à l'égard de l'assouvissement de leurs nécessités. Force leur est alors de s'entre-détruire. Ces deux conditions sont donc celles toutes matérielles ou tout intellectuelles des membres de sociétés à l'état libre. Dans ce cas, le moteur et modérateur organique d'ensemble est le moteur de l'animation de l'univers, dont le Créateur seul les rend responsables sur le globe terrestre et dans l'éternité de leur destruction partielle; et cela est prévu, bien qu'ils disent s'en moquer. Mais ce n'est que quand ils se portent bien ou qu'ils ont réussi dans leurs convoitises ou entreprises. Autrement, les sociétés reviendraient purement à leur état primitif d'agglomérations de sauvages. Ainsi donc, ou ces savants économistes sont forcés d'avouer qu'ils ne fonctionnent que comme les animaux les plus intelligents pour la destruction, et qu'ils ne peuvent posséder la conscience de leurs faits ni la science exacte des lois positives socialisatrices, forcés de convenir que ce sont des animaux sans conscience de leur férocité, pas plus que de leurs faits sublimes ni de la valeur du cri de liberté que leur gueule articule. Ils peuvent accuser leur créateur de tous les crimes dont ils sont les fauteurs ou qu'ils commettent entre eux ou envers eux-mêmes; autrement, s'ils se reconnaissent des humains, ils sont responsables de leur société et d'eux-mêmes; ils le sont de leurs crimes comme membres de leurs sociétés dites civilisées, puisqu'ils ont pu composer les bases de leur socialisation et civilisation, sinon comme génie du socialisme de prime abord, mais au moins se développer, devenir des perfectibilités humaines. Je prouve donc par ces logiques citations que l'espèce humaine possède en elle son moteur d'action et son modérateur de fonctions; elle seule, de tous les êtres animés de la vie, est responsable sur terre comme de son corps social envers le Créateur et envers elle-même. Ainsi donc, elle est sa puissance constituante, celle politique, administrative et relative à son corps social. A cet effet, je ne peux mieux démontrer et faire le résumé, définir le mécanisme organique individuel humain ou celui des sociétés, qu'en le comparant à un mécanisme dont les rouages organiques se lient forcément au système d'animation de l'univers, ou se détruisent et se brisent partiellement sans rien échanger s'ils veulent enfreindre ces principes et fonctionner contrairement à ce moteur et modérateur. Quels autres que les humains peuvent en être les horlogers, pour le composer, le remonter et le faire marcher régulièrement? Autrement, si une société se détruit sur son sol, c'est une particularité, soit un composé mécanique, organique, vital, détruit prématurément; c'est un sol abandonné ou fumé de cadavres humains; sa fécondité n'est plus alimentaire que pour les animaux qui l'occupent; c'est un sol dont tous les habitants, les produits, sont forcés de s'entre-détruire eux-mêmes, et finissent par ne plus former qu'une croûte fangeuse cachant tous les trésors qu'elle renferme, trésors qui ne cessent pour cela d'appartenir aux développements ingénieux des facultés humaines. Telles sont les facultés dont le Créateur gratifia les organes de cette espèce pour en profiter, au lieu de s'entre-détruire. Il suit donc de ce fait incontestable que les humains, comme principe, sont malgré eux les régénérateurs, les conservateurs du globe terrestre, et ne sont libres de s'entre-détruire, soit individuellement, soit de société à société, que partiellement. Ce sont alors, et dans ce cas, des effets élémentaires particuliers aux membres d'une société; c'est la puissance du principe destructeur dont les effets ont été ascensionnels et sont maintenant rétrogrades sur le globe terrestre. Quant aux sociétés, étant observées dans ces fonctions d'ensemble, quelle autre preuve à fournir, sinon pour ces savants légistes, du moins pour l'instruction des peuples, que de démontrer que les développements des facultés humaines en sont les conséquences forcées, puisque alors l'individu ou l'ensemble d'humains instruits est forcé de prendre conscience de la nécessité de son fait destructif? Qu'est-ce alors, sinon que le principe conservateur d'ensemble devient plus fort que le principe destructeur? Peu importe donc que ces fractions de pauvretés économistes systématiques et socialistes, que ces politiqueurs renient encore l'immutabilité de ces principes; ils sont libres, comme lettrés, de n'être que du fumier sur terre, et, comme humains, des âmes responsables dans leur éternité. Quel lettré, en présence de ces réalités dont il est forcé de prendre conscience, peut croire pouvoir les braver impunément et n'être pas corps et âme responsable? N'est-ce pas braver le créateur de ce merveilleux mécanisme, et se donner le droit d'être contraire à ses principes comme aux siens, parce que cette espèce est libre envers son individu ou sa société d'en agir comme des animaux irresponsables, parce qu'ils n'ont ni foi, ni loi, ni conviction, sinon aux approches de leur mort toujours ou violente ou prématurée? Ces monstruosités peuvent-elles croire que le Créateur, en leur accordant cette liberté terrestre, n'a pas de même prévu, établi les responsabilités proportionnées aux criminelles fonctions du règne humanitaire? A vous donc, législateurs, de ne pas préconiser la liberté, mais bien de régénérer, réorganiser les fonctions telles quelles des membres des centres industriels manufacturiers, puisque vous le pouvez, et que c'est un devoir humain, et surtout et avant tout celles des fonctionnaires gouvernementaux; à vous de rectifier tous les axes et rouages de votre mécanisme ou pendule d'équation sociale gouvernementale, de le remonter pour un laps de temps révolu par votre article constitutif; à vous, députés qui êtes possesseurs du balancier compensateur de ce composé, de contraindre tous ces rouages de fonctionner avec régularité; à vous, majorité législative dont les fonctions sont de protéger, entretenir la vitalité de l'ensemble, de supprimer ou briser toute partie, tout membre qui voudrait changer le système avant le temps révolu, pour le remonter, pour augmenter sa puissance vitale d'action; à toi, suffrage universel en enfance et réel souverain des humains forcés de te développer comme tout ce qui est principe de la nature, de devenir intelligent; à vous, électeurs, de n'accorder à l'un des vôtres votre suffrage, non pour son langage ou ses écrits, mais bien après conscience acquise de ses mœurs, de son existence intime, dans ses rapports avec les siens et plus encore de ceux sous sa dépendance. Là est la seule espérance de conservation. A toi, puissance passive militaire armée pour la défense de la constitution, qui es restée pure au milieu des corruptions gouvernementales, qui appartiens maintenant à la constitution, de lui rester fidèle. Alors l'équilibre existera, et la régénération est forcée; alors les insatiables, les envahisseurs se briseront le corps, ou seront brisés par toi, s'ils persistent à n'être que des réactionnaires ou des révolutionnaires. Tels sont, quant au fond, les résumés de mes projets de législation et de la première industrie, qui ne sont autres que les gouvernants d'une société civilisée, puisque tout dépend d'elle comme civilisation. Viendront après les projets d'organisation des deuxième et troisième classes et industries dites les gouvernés. Quant à mes projets de réorganisation des deuxième et troisième classes dites les gouvernés, ils ne paraîtront qu'après la révision de la constitution de 1848.

CHAPITRE XXIX.

Projet de révision de la constitution de la république française de l'an 1848.

PRÉAMBULE.

La première classe renfermant en elle tout ce qui constitue le principe vital de la société, comme la Constitution en est l'âme, j'ai dû, au préalable, avant de traiter des lois organiques de la deuxième et troisième classe, constituer les bases gouvernementales de la première, vu que l'une et l'autre sont des dépendances. Qu'est-ce jusqu'alors, sinon qu'elles sont encore, comme organisation, à l'état problématique, vu que la Constitution existante n'est que l'œuvre d'explosion révolutionnaire devenue élémentaire, imprévue, irréfléchie, comme les effets du suffrage universel, fait constaté par l'article 109, article unique, divin, imprescriptible par aucune constitution, qui donne droit de la réviser à des périodes limitées? Aussi, dans cet article gît le seul espoir de régénération possible. La solution de ce problème est donc, quant à présent, que l'homme souverain ou son entourage a perdu sa puissance d'action dominatrice, durable, et cela parce que l'un ou l'autre ne furent que des possesseurs ou envahisseurs illégaux, forcés d'être rétrogrades pour conserver ou réobtenir leurs domination et prérogatives usurpatrices de l'absolutisme. La conséquence fut des révolutions, des chutes et déperdition successive de cette puissance, qui, de partage en partage, devint égalitaire pour l'universalité des membres de la nation française devenus tous imitateurs. Telle est la solution du problème de l'état social actuel. Il est donc de toute essentialité de réviser la Constitution sous l'influence du suffrage universel, puisque sa base est un principe, et que son édification telle quelle devienne indestructible même par ses édificateurs. Les membres de la société finiront-ils enfin par s'instruire, s'unir, s'agglomérer à l'axe intellectuel républicain, à ce seul axe régénérateur pour les sociétés d'Europe, en présence des derniers efforts élémentaires de destruction que produisent les machiavéliques systèmes d'équilibre de l'homme ou des fractions illégales gouvernementales en puissance d'action? Arrière donc leur politique, leurs doctrines et sciences orales ou gouvernementales, légitimant le vol et la possession de la chose d'autrui ! Les vérités, les réalités seules doivent devenir des principes gouvernementaux, sinon pas de régénération. Tel est l'axe possible, durable : qu'est-ce autre, en somme, que les développements progressifs, quand même, du génie du bien du socialisme comme nécessité de conservation de société? C'est donc le génie de la destruction de l'ensemble social livrant sa dernière bataille au génie conservateur. Quant à la France, lequel sera le vainqueur? Je l'ignore. Je crois plutôt à la destruction de la société pour servir d'exemple à d'autres sociétés, pour, après tant d'horribles faits et exemples possibles à l'homme libre, se socialiser.

Telles furent les conséquences et causes terribles qui me firent étudier les facultés des organes matériels et intellectuels du corps humain et de ses agglomérations en corps social; tel fut le but de mes études du républicanisme et du socialisme, qui n'est pas lu, et tels sont, en résumé, les motifs de mes projets de révision de la Constitution pour l'éviter, puisque l'on a enfin pu prendre conscience par les résultats de tous les problèmes de ces faiseurs. Telles sont mes analyses sur le pouvoir des facultés humaines libres dans leurs fonctions gouvernementales, ou tout individuelles comme gouvernés. Je dirai alors, à l'égard de cet ensemble et comme résumé : Était-il si essentiel de produire tant d'analyses pour prouver aux érudits qu'un et un font deux? Ils en savent plus que moi à cet égard; mais en est-il de même à l'égard de leurs lecteurs mal instruits, comme de la multitude des sottes dupes, lettrées ou non, qu'il faut désillusionner dans leur intérêt personnel? Il suit donc, comme conséquence, que l'ensemble des membres de la société ne veut convenir des réalités qu'en présence de l'insurrection. Mais, quoi qu'ils disent et puissent faire, les principes l'emportent toujours sur leurs fausses doctrines. Je n'en terminerai pas moins par ce dernier résumé d'analyse, comme principe, et je dis : L'un est la volonté, la faculté humaine possible à l'individu, à l'homme libre; l'autre est la volonté surhumaine agissant élémentairement d'ensemble. C'est la nécessité organisatrice, socialisatrice, forcée de devenir plus forte que la volonté, que la faculté, que la liberté destructive de l'individu ou de fractions illégales individuelles, quelles qu'elles puissent être dans la société. Cette nécessité organisatrice ne peut donc être à l'avenir que le fait du suffrage universel. Il suit de ces faits matériels irrécusables que la Constitution ne peut être que le fait d'une puissance supérieure, libre alors de choisir ses générateurs constituants. Ainsi donc, ou c'est le fait d'une coterie libre, juge et partie, qui ne rende compte de son genre d'organisation et direction antisociale illégale qu'à la révolution ou à l'insurrection de ses insuccès, ou cette Constitution est le fait accepté par l'universalité des membres de la société. Dans ce cas, c'est le principe conservateur; alors il fonctionne légalement quand même, et, quel que soit le membre de la société ou la fraction, elle est soumise ou détruite. Ainsi donc l'universalité des membres n'a droit légal qu'à une voix à l'égard de leurs délégués, comme constituants de la Constitution, ou comme majorité législative, pour en faire réviser les articles. De deux choses l'une, ou l'individu est ou a droit et peut devenir plus fort que la Constitution, et par ce fait plus fort que la majorité du suffrage universel, ou libre d'être plus fort que son composé d'organes matériels et intellectuels, ou plus fort que le suffrage universel luttant contre lui, ou il est obligé de céder à l'une ou à l'autre de ces deux puissances. Dans ce cas, une de ces deux libertés cède à l'autre ou est détruite par l'autre. Ainsi donc, ou il y a équilibre ou combat entre ces deux genres de libertés de facultés dans l'individu ou entre les individus, ou il y a harmonie de fonctions dans l'individu ou dans les rapports entre ces individus. C'est ce qui s'appelle l'équilibre établi matériellement ou intellectuellement dans une société. Qu'est-ce alors, sinon la privation de ces libertés régularisées tant bien que mal par le suffrage, puisqu'il peut y avoir résultat. L'équilibre social ou individuel est donc chose possible, c'est bien un fait, un principe humain, c'est une dépendance d'action matérielle ou intellectuelle tout humaine. Mais, à cet égard, sans organisation en principe, comme je l'ai démontré, tous les corps des règnes de la nature, les êtres animés de la vie, l'espèce humaine comprise, ne sont mus que par des nécessités qui, pour la première, est satisfaction telle quelle, qui n'est autre, étant libre, que d'employer tous moyens en sa puissance, en ses facultés, envers la résistance, pour réussir.

Est-ce que les animaux, tant intelligentés, forts ou féroces qu'ils soient, en ont conscience, pas plus que du savoir-faire de leurs facultés à l'égard de l'homme?

L'homme n'en est-il pas le plus grand ennemi et le seul exploiteur de leurs facultés? Doit-il en être ainsi de l'homme envers lui-même, et peut-il croire que les siens ne prendront pas conscience de leurs facultés et moyens d'exploitation mutuelle?

Alors quoi de plus puissant, de plus intelligent, de plus féroce que l'homme envers celui qui doute du développement possible à ses facultés, ou qui veut l'exploiter ou être l'exploiteur de l'homme!

Qu'est-ce que leur politique en regard de ces développements ou de l'union d'un peuple qui peut prendre conscience de leur téméraire et machiavélique politique?

Les roués savent tout cela et disent : Tant que nous serons les plus forts, peu nous importe, voire même les révolutions de notre bétail populaire, puisque nous savons en profiter; alors, dans ce cas, tant pis pour les déçus et déchus.

Tels sont les organes du corps animal ou d'un humain; c'est la seule espèce qui, individuellement, possède trois conditions de satisfactions ou trois nécessités de satisfactions, aussi impérieuses l'une que l'autre, étant libres, puisqu'ils se détruisent. Pour l'une comme pour l'autre, ce sont donc des principes immuables. Ces nécessités deviennent donc constituantes, organisatrices ou destructives de l'individu, ou entre individus ou de sa société. N'est-il pas irrévocable que, s'ils sont libres sous le rapport social, sans autre condition que la satisfaction de ces trois nécessités, si chacun d'eux ne veut pas, ou si la Constitution ne peut pas équilibrer les demandes de chacune de ces trois nécessités, il y a désorganisation ou destruction forcée de l'individu ou des individus, ou de la société, en résumé de combats pour l'individu ou entre eux, s'il y a survivance? A ces combats, l'individu ou les individus n'en ont pas moins perdu de leurs libertés d'action de satisfaction de ce qu'ils voulaient faire, de nécessités, conditions d'existence ou de possession; pour ne pas achever de se détruire, ils sont forcés d'équilibrer la demande de leurs nécessités d'existence sociale ou matérielle, sensuelle ou intellectuelle. Tels sont les principes. En tout état de cause, ils appartiennent d'ensemble aux fonctions de la constitution du Créateur de l'univers, à ses principes immuables, conservateurs d'ensemble, bien que libres comme individus. En résumé, une société, quant à l'ensemble de toutes les agglomérations ou sociétés qui couvrent le globe terrestre, ce n'est qu'un individu; alors qu'est-ce que la constitution organique d'un individu pour une société? Pauvretés gouvernementales ou envahissantes, misères humaines, populaires, politiqueurs, qui osez prétendre équilibrer les constitutions de l'ensemble des sociétés du globe terrestre, pour n'en faire qu'une à votre façon, comme voulurent obtenir les faiseurs de religions; qui ne voulez ni vous convaincre, ni remplir vos devoirs sociaux et humains; quels sont les exemples socialisateurs de vos prédécesseurs? Qu'espérez-vous donc, et quelles preuves plus matérielles, plus accablantes, si vous jetez un regard sur les déperditions de leurs prestiges et celles des races citadines qui font nécessité socialisatrice de la liberté illimitée et de ces trois conditions d'existence sociale, ou qui, faute de satisfaction, s'en prennent au Créateur, et lui imputent leurs crimes? Que deviendra donc enfin votre Constitution, vos individus? Des Spartacus lapons. Et votre corps social comme résultat? Néant. Et cette conviction, et cette liberté, cette paternité, cette fraternité, dont vos apôtres font des holocaustes de tribune populaire, que deviendront-elles, étant forcées l'une et l'autre élémentairement de vous entre-égorger? Que restera-t-il de tous ces systèmes socialisateurs, de tous vos produits? Du fumier, le néant de la société. Étudiez donc la nature, les sciences exactes; soyez donc instruits des réalités avant de vous révolter, pour qu'elle soit profitable aux survivants. A vous, capacités parlementaires ! Faites des discours très-parlementaires, grammaticaux; continuez de faire des constitutions machiavéliques, politiques; proclamez la République, la liberté, l'égalité, la fraternité; faites-le placarder sur les murs pour le prouver, et par les articles de cette constitution, ne les rendez ni réelles, ni praticables, sinon pour vos coteries et pour quelques jours. Alors soyez responsables de vos faits et de l'insurrection forcément incessante qui enfin s'entre-détruira elle-même, après vous avoir tous détruits.

Cela n'empêchera pas la Constitution, ayant pour base des principes et non des idéalités, de surgir, de régner un jour sur d'autres sociétés, comme la seule et unique puissance souveraine sur ce sol et paradis terrestre, insuffisant aux trois conditions de vos insatiables nécessités, sur laquelle vous n'étiez que du fumier. A vous, envahisseurs érudits, alors criminels au premier chef, de dire si ces citations sont réelles ! Il n'est que temps d'éviter la destruction entière de la société, car ces membres n'agissent plus qu'élémentairement, comme des trombes auxquelles vous ne pourrez plus résister prochainement. Puisqu'il en est ainsi, changez donc vos doctrines, votre littérature, et par-dessus tout la législation existante, puisqu'il ne reste plus que l'emploi des réalités et des moyens légaux pour sauver la société, pour que les politiqueurs ne refassent pas explosion. Je vous le dis par toute la conviction dont mes sentiments sont pénétrés, il en est temps encore à ce prix. Dans ce cas, équilibre forcé pour l'avenir par le suffrage universel et légal comme principe, pour avoir droit de fonder la Constitution; alors régénération forcée, sinon destruction entière, inévitable par l'insurrection, n'étant constitué que sur des bases idéales, sur des droits exceptionnels d'exploiteurs. Ce n'est pas la puissance matérielle ni intellectuelle qui manque ou a jamais manqué aux gouvernants, et qui leur manquera jamais, quel que soit le titre de leurs systèmes gouvernementaux. Soyez donc les premiers à vous soumettre ou à faire comprendre les nécessités organisatrices d'ensemble, les premiers à vous déclarer puissance passive, soumise à la Constitution que vous avez à faire réviser. Tel est le préambule de mes projets de révision de quelques articles de la Constitution.

CHAPITRE XXX.

Projet de révision des articles de la Constitution de 1848, à remplacer lors de la dernière année fixée dans l'article 109 de la Constitution.

PRÉAMBULE.

En présence de Dieu et au nom du peuple français, par son suffrage universel, l'Assemblée constituante proclame et décrète :

I. La France est constituée en république, une et indivisible, de droit comme son suffrage universel : cette forme de procédé gouvernemental est, comme première condition et base d'existence sociale, la pratique de la science en socialisme, des principes, des lois positives en législation, en politique; comme deuxième principe, de n'admettre, comme matériaux d'édification et comme base, que ce que les lois de la nature autorisent et rendent palpable, et non des idéalités, des convictions individuelles; comme troisième principe, de ne laisser développer que les facultés du génie humain ou bien dans ses merveilleuses productions, comme droit social d'empêcher celles qui ne peuvent être que contraires aux intérêts généraux ou aux premières conditions naturelles d'existence sociale.

III. Elle ne reconnaît des droits antérieurs et supérieurs à ceux qu'elle constitue.

IV. Elle a pour principe la soumission aux articles de la Constitution, et droit de mort envers l'individu faisant résistance armée ; elle a pour bases les liens réciproques de la responsabilité de la famille, de sa moralité et dignité ; elle ne promet rien qu'elle ne puisse rendre possible.

V. Elle n'intervient d'aucune façon à l'égard des nationalités étrangères, quels que soient leur mode et système d'organisation ou de destruction, comme elle saura faire respecter les siens, sans pour cela discontinuer ses alliances, ses relations purement de bon et loyal voisinage.

VII. Les membres de l'Assemblée législative sont solidaires, responsables de la Constitution, des lois organiques, pourvoiront à l'assistance des invalides ou indigents, ou du citoyen sans moyens pour l'obtenir, donnant force de lois aux intérêts généraux sur les intérêts particuliers; elle déclare criminel de lèse-nationalité tout député qui, hors de la Chambre, tiendra des discours, assistera à des réunions politiques, qui est droit de débat politique, des journalistes ou autres écrivains, la chambre étant le seul sanctuaire de leurs délibérations.

VIII. Des lois organiques régulariseront un mode de carte de citoyen et de citoyenne, et de cotisation de secours mutuels, d'assistance fraternelle, auxquels contribueront indistinctement tous les membres des deux sexes de la société ayant atteint leur vingtième année, pour, à un certain âge, être pensionnaires de l'État, sinon invalides civils, la mendicité étant supprimée à tout jamais et sévèrement punie.

C'est en vue de l'accomplissement de tous ces devoirs que l'Assemblée constituante décrète ainsi la Constitution de la République.

CONSTITUTION.

CHAPITRE PREMIER.

De la Souveraineté.

Art. 1er. La souveraineté réside dans la majorité du suffrage universel constitué en Assemblée constituante, vu qu'elle en est l'émanation comme principe. Elle est inaliénable, imprescriptible; aucun individu, aucune fraction du peuple ne peut s'en attribuer le droit autrement ni l'exercice, sans être déclaré traître à la patrie et criminel de lèse-nationalité, puisqu'il a eu voix délibérative à la formation des mêmes droits devenus constituants.

CHAPITRE DEUXIÈME.

Droits des citoyens garantis par la Constitution.

Art. 2. Tout citoyen et citoyenne majeurs sera porteur d'une carte, laquelle carte portera, d'un côté, son signalement, le chef de famille auquel il appartient, ou celle qui est placée sous sa tutelle, la demeure de l'un et l'autre, leurs professions, leur dénominations dans leur professions. Le côté opposé de cette carte servira à recevoir des impressions de timbre constatant leurs présentation à toute essentialité voulue d'après la loi sur cette matière; ces timbres, apposés dessus, témoigneront si le citoyen a rempli ses devoirs comme électeur, ses changements de domicile, ou les secours qu'il a reçus. Elles seront toutes de la même couleur; les différents genres de timbres apposés dessus désigneront les droits civils et politiques des détenteurs. Du 15 décembre au 31 du même mois de chaque année, elles seront toutes indistinctement détruites et échangées par des nouvelles. Toute folle signification et contravention aux statuts de cette loi seront punies d'amende ou de prison. La privation de cette carte, pour un citoyen ou citoyenne, entraînera non-seulement la perte de ses droits, mais placera l'individu, peu importe le sexe, en état d'arrestation préventive, jusqu'à preuve ou témoignage, avec responsabilité de la réalité de l'individu arrêté, et du motif de la privation de cette carte.

Art. 5. La peine de mort, en crime politique, appartient au verdict du jury des cours où les prévenus seront amenés, ou à un conseil militaire, si le fait est constaté avoir eu lieu, après proclamation de mise en état de siége, et si les jugements peuvent avoir lieu pendant cet état. Les faits de liberté de la presse ne peuvent être qualifiés de crimes, mais bien délits, et ne sont passibles que de la prison avec ou sans *amende*, et par le jury, sans que les condamnés, en aucun de ces cas, soient privés de leurs droits d'électeurs.

Art. 7. Chaque citoyen a droit de professer librement sa religion, et reçoit une égale protection physique dans l'exercice de son culte; comme aussi chaque genre de culte reste sous la seule et unique tutelle de l'État. Chaque genre de coreligionnaires doit pourvoir au traitement des fonctionnaires de leur culte. Une loi organique, à cet effet, statuera sur leur rétribution, et nommera un ministre unique des cultes. Un relevé sera fait du nombre des adhérents de chacun de ces genres, pour juger de leur importance et des nécessités subventionnelles à leur accorder.

Art. 8. Les citoyens ont le droit de pétitionner soit à la Chambre ou aux ministres, de manifester leurs pensées par la voie de la presse; la liberté de la pensée, de la parole, d'écrire ou de faire imprimer, est inviolable, imprescriptible pour l'universalité des membres. Tout attentat à la morale, toute calomnie donne droit à poursuite envers son auteur, ou le propagateur ou exécuteur de ce dire ou écrit. Le jury seul a droit de prononcer les degrés de responsabilité et la pénalité à imposer.

Art. 9. L'enseignement est gratuit et sera organisé pour ne rien coûter à l'État, bien que les professeurs soient placés sous sa tutelle et surveillance unique. Il est gratuit quant à l'enseignement primaire, premier degré, pour l'universalité des membres. Tous les autres degrés sont rétribués. Une loi organique établira le prix pour chaque degré et cours d'études. Il garantira à l'enfant dépourvu de moyens qui aura obtenu un premier prix, la possibilité de concourir de degré en degré d'instruction jusqu'au dernier, si ses facultés intellectuelles lui ont fait remporter le premier prix à chaque degré. Autrement l'universalité des membres sera libre en payant à chaque degré. Une loi organique, sans rien changer quant aux nécessités des développements instructifs, en réorganisera les modes d'enseignement et prix des cours.

Art. 10. Tous les citoyens sont également admissibles à tous les emplois gouvernementaux, sans autre motif de préférence que leurs facultés et moralité, et suivant les conditions fixées par les lois comme garantie physique. Sont abolis à toujours tous titres et fonctions héréditaires, mais non ceux à accorder au mérite, au génie, ou comme dénomination et type de fonctions, quelles qu'elles soient, d'un citoyen.

Art. 13. La Constitution rend conditionnelles et responsables les concurrences industrielles et commerciales envers elles-mêmes. A cet effet, des lois organiques régularisatrices protégeront l'efficacité de leurs réorganisations, de leurs responsabilités réciproques.

CHAPITRE III.

Des Pouvoirs publics.

Art. 18. Tous les pouvoirs publics, quels qu'ils soient, sont des dépendances de la constituante. La régularité des fonctions le sont des ministres, et celle des ministres de l'assemblée législative, et les représentants de la Constitution.

Art. 19. Il ne peut exister de liberté illimitée en fonctions sociales. La responsabilité proportionnelle, l'harmonie physique, l'homogénéité, l'union des pouvoirs est la première condition d'existence d'un gouvernement républicain.

CHAPITRE IV.

Du Pouvoir législatif.

Art. 20. La majorité du suffrage universel délègue le pouvoir constituant ou législatif à une partie de ses membres. Ces votes épurés, la souveraineté du peuple s'efface et celle de ses délégués commence. Cette souveraineté est unique, inviolable; ses membres seuls possèdent la puissance délibérative sur les fonctions sociales de l'universalité des membres de la société; leur majorité pour leurs statuts disciplinaires sont les seuls freins, les seuls équilibres des solutions de continuité de leurs délibérations. Ces articles de leur discipline seront le fait de leur première délibération. Une fois votés, ils seront inviolables pendant la durée de leurs fonctions législatives.

Art. 25. Est électeur tout Français ou naturalisé, âgé de vingt-cinq ans, sans condition de cens, d'impositions, jouissant de ses droits civils. Nul électeur ne pourra s'abstenir de voter sans encourir une amende proportionnée à sa position dans la société, ou un emprisonnement. Une loi organique statuera à cet égard. Nul étranger ne peut obtenir d'emploi ni professer un commerce, une industrie plus de trois années, sans être naturalisé, ou être mis hors du territoire, s'il n'a d'ailleurs d'autres moyens d'existence.

Art. 26. Sont éligibles tous Français âgés de trente ans, ayant sans interruption joui de leurs droits d'électeur.

Art. 28. Tout citoyen élu député, l'ayant accepté, salarié ou non comme employé du gouvernement, sera privé de ce salaire, et pourra l'être dans les fonctions de son emploi. Une loi organique statuera à cet effet.

Art. 32. L'Assemblée est permanente; néanmoins elle peut s'ajourner à un terme qu'elle fixe, dont le maximum ne peut dépasser quatre-vingt-dix jours. Pendant la durée de la prorogation, une commission, composée des membres du bureau et de vingt-cinq membres nommés à cet effet par l'Assemblée, a le droit de la convoquer d'urgence, d'après la majorité de leurs votes. Le président de la République a de même le droit de convoquer l'Assemblée de son propre gré.

Art. 34. Les membres de l'Assemblée nationale, bien que les représentants de la France entière, ne pourront être que les élus des électeurs des départements où leur résidence sera constatée. Tous les suffrages contraires seront nuls.

Art. 38. Chaque représentant a droit à des émoluments égalitaires pour tous, s'il en fait la demande par écrit au trésorier de la chambre. Toute récrimination à l'égard de ce droit individuel, par la presse ou par les membres de la chambre, sera passible d'un mois de prison avec amende.

Art. 40. La présence des deux tiers de l'ensemble des députés est de toute rigueur pour la validité du vote des lois organiques, et des sept neuvièmes comme Assemblée constituante.

CHAPITRE V.

Du Pouvoir exécutif.

Art. 47. Le président de la République est élu pour quatre ans, et peut l'être à chacune de ces périodes.

Art. 49. Il ne peut, en aucun cas, disposer ni commander la force armée.

Art. 61. Il est logé, aux frais de la République, au château des Tuileries, et reçoit un traitement de quatre millions par an.

Art. 63. Le président de la République propose la nomination et révocation de partie ou de l'ensemble de ses ministres à la chambre; il nomme et révoque les agents secondaires sur la proposition des ministres.

De la Nomination des ministres et de leurs Attributions.

Art. 65. Le nombre des ministres, leurs attributions, leurs nominations et révocations, appartiennent à la majorité de l'Assemblée législative, sur la proposition des candidats et demandes adressées par le président. Si le candidat n'a pas obtenu la majorité pour sa nomination, le président en représentera d'autres. Les ministres ne peuvent être choisis parmi les députés, mais bien après leurs fonctions législatives.

Art. 67. Le président de la République est président du conseil des ministres. Les ministres sont responsables chacun de leur ministère, et le sont solidairement à l'égard des faits acceptés par leur majorité en chambre de conseil présidentiel, sans pour cela que le président de la République le soit en fait.

Art. 68. Les ministres ont le droit d'assister à la chambre, faire tous rapports, présenter toutes demandes, soutenir tous débats, combattre ou soutenir toutes les propositions des membres de la chambre. Aucun membre de la chambre n'a le droit de les contraindre à leur répondre. Ce ne peut être que le fait d'une commission qui en fait le rapport à l'Assemblée, qui, par la majorité de son suffrage, décide s'il y a lieu.

CHAPITRE VIII.

Du Pouvoir judiciaire.

Art. 80. La justice est rendue gratuitement envers le membre notoirement insolvable, et sur la présentation de sa carte, dans quelque cour de justice que ce soit. Les débats sont publics, à moins que la publicité ne soit dangereuse pour l'ordre et les mœurs : le tribunal en décidera. Une loi organique statuera sur les droits de justice à obtenir gratuitement, comme sur les responsabilités des demandeurs. A cet effet, il sera nommé pour chaque arrondissement un juge conseiller de la famille qui statuera sur les demandes. Les statuts de leur ministère seront l'objet d'une loi toute particulière.

CHAPITRE IX.

De la Force publique.

Art. 101. Tout Français de vingt et un ans à vingt-sept ans appartient à l'armée. Nul ne peut obtenir d'exemption de service que par cause d'incapacité ou comme fils aîné de femme veuve, ou par le numéro de son tirage au sort, ou par un premier prix remporté au grand collége. Tout membre de la société est garde national de droit de vingt-cinq à cinquante-cinq ans. Nul ne peut obtenir d'exemption sinon de droit comme travailleur à la journée. Une loi réglera sa tenue, sa possession d'armes, sa discipline.

Art. 103. Les fonctions militaires et administratives sont non-seulement des devoirs, mais bien des fonctions passives. Leurs fonctionnaires ne peuvent délibérer ni changer la nature de leurs commandements ou de leurs fonctions administratives; leurs statuts ou code pénal statuera à l'égard de leurs infractions.

CHAPITRE XI.

De la Révision de la Constitution.

CHAPITRE XII.

Dispositions transitoires.

Art. 110. L'Assemblée constituante confie le dépôt de la présente Constitution, les lois et articles sanctionnés par sa majorité, à l'Assemblée législative, qui s'en rend responsable, ou doit s'ensevelir sous les décombres de son sanctuaire, en les faisant observer.

Du Droit d'électeur, de la Privation de ce droit et du Droit d'être éligible.

Art. 114. De droit est électeur tout Français ou naturalisé français, âgé de vingt-cinq ans. Ne peut être éligible tout citoyen ayant perdu son droit d'électeur. Peut être privé de ses droits d'électeur toute sa vie, en cour d'assises, étant motivé dans le jugement rendu par le jury, et pour un temps dont le minimum est de deux ans, et le maximum six ans, tout citoyen appelé en cour correctionnelle pour n'importe quel fait et genre de condamnation appliqué par les juges. Nul citoyen ne peut perdre ses droits d'électeur en aucune cour pour délits de presse, mais bien comme failli ou en déconfiture, le temps qu'elle dure à se terminer. Tout citoyen ayant encouru la privation de ses droits d'électeur pour un temps tel quel ne peut redevenir éligible, bien qu'ayant recouvré son droit d'électeur.

TABLE DES MATIÈRES.

Paris. — Imprimerie Gerdès, rue Saint-Germain-des-Prés, 14.

www.ingramcontent.com/pod-product-compliance
Ingram Content Group UK Ltd.
Pitfield, Milton Keynes, MK11 3LW, UK
UKHW020342230726
13925UKWH00003B/918